"十二五"国家重点图书出版规划项目

社会系列

黔江史话

A Brief History of Qianjiang

杨宏伟　主编

社会科学文献出版社
SOCIAL SCIENCES ACADEMIC PRESS (CHINA)

总　序

　　中国是一个有着悠久文化历史的古老国度，从传说中的三皇五帝到中华人民共和国的建立，生活在这片土地上的人们从来都没有停止过探寻、创造的脚步。长沙马王堆出土的轻若烟雾、薄如蝉翼的素纱衣向世人昭示着古人在丝绸纺织、制作方面所达到的高度；敦煌莫高窟近五百个洞窟中的两千多尊彩塑雕像和大量的彩绘壁画又向世人显示了古人在雕塑和绘画方面所取得的成绩；还有青铜器、唐三彩、园林建筑、宫殿建筑，以及书法、诗歌、茶道、中医等物质与非物质文化遗产，它们无不向世人展示了中华五千年文化的灿烂与辉煌，展示了中国这一古老国度的魅力与绚烂。这是一份宝贵的遗产，值得我们每一位炎黄子孙珍视。

　　历史不会永远眷顾任何一个民族或一个国家，当世界进入近代之时，曾经一千多年雄踞世界发展高峰的古老中国，从巅峰跌落。1840 年鸦片战争的炮声打破了清帝国"天朝上国"的迷梦，从此中国沦为被列强宰割的羔羊。一个个不平等条约的签订，不仅使中国大量的白银外流，更使中国的领土一步步被列强侵占，国库亏空，民不聊生。东方古国曾经拥有的辉煌，也随着西方列强坚船利炮的轰击而烟消云散，中国一步步堕入了半殖民地的深渊。不甘屈服的中国人民也由此开始了救国救民、富国图强的抗争之路。从洋务运动到维新变法，从太平天国到辛亥革命，从五四运动到中国共产党领导的新民主主义革命，中国人民屡败屡战，终于认识到了"只有社会主义才能救中国，只有社会主义才能发展中国"这一道理。中国共产党领导中国人民推倒三座大山，建立了新中国，从此饱受屈辱与蹂躏的中国人民站起来了。古老的中国焕发出新的生机与活力，摆脱了任人宰割与欺侮的历史，屹立于世界民族之林。每一位中华儿女应当了解中华民族数千年的文明史，也应当牢记鸦片战争以来一百多年民族屈辱的历史。

当我们步入全球化大潮的 21 世纪，信息技术革命迅猛发展，地区之间的交流壁垒被互联网之类的新兴交流工具所打破，世界的多元性展示在世人面前。世界上任何一个区域都不可避免地存在着两种以上文化的交汇与碰撞，但不可否认的是，近些年来，随着市场经济的大潮，西方文化扑面而来，有些人唯西方为时尚，把民族的传统丢在一边。大批年轻人甚至比西方人还热衷于圣诞节、情人节与洋快餐，对我国各民族的重大节日以及中国历史的基本知识却茫然无知，这是中华民族实现复兴大业中的重大忧患。

中国之所以为中国，中华民族之所以历数千年而不分离，根基就在于五千年来一脉相传的中华文明。如果丢弃了千百年来一脉相承的文化，任凭外来文化随意浸染，很难设想 13 亿中国人到哪里去寻找民族向心力和凝聚力。在推进社会主义现代化、实现民族复兴的伟大事业中，大力弘扬优秀的中华民族文化和民族精神，弘扬中华文化的爱国主义传统和民族自尊意识，在建设中国特色社会主义的进程中，构建具有中国特色的文化价值体系，光大中华民族的优秀传统文化是一件任重而道远的事业。

当前，我国进入了经济体制深刻变革、社会结构深刻变动、利益格局深刻调整、思想观念深刻变化的新的历史时期。面对新的历史任务和来自各方的新挑战，全党和全国人民都需要学习和把握社会主义核心价值体系，进一步形成全社会共同的理想信念和道德规范，打牢全党全国各族人民团结奋斗的思想道德基础，形成全民族奋发向上的精神力量，这是我们建设社会主义和谐社会的思想保证。中国社会科学院作为国家社会科学研究的机构，有责任为此作出贡献。我们在编写出版《中华文明史话》与《百年中国史话》的基础上，组织院内外各研究领域的专家，融合近年来的最新研究，编辑出版大型历史知识系列丛书——《中国史话》，其目的就在于为广大人民群众尤其是青少年提供一套较为完整、准确地介绍中国历史和传统文化的普及类系列丛书，从而使生活在信息时代的人们尤其是青少年能够了解自己祖先的历史，在东西南北文化的交流中由知己到知彼，善于取人之长补己之短，在中国与世界各国愈来愈深的文化交融中，保持自己的本色与特色，将中华民族自强不息、厚德载物的精神永远发扬下去。

《中国史话》系列丛书首批计200种，每种10万字左右，主要从政治、经济、文化、军事、哲学、艺术、科技、饮食、服饰、交通、建筑等各个方面介绍了从古至今数千年来中华文明发展和变迁的历史。这些历史不仅展现了中华五千年文化的辉煌，展现了先民的智慧与创造精神，而且展现了中国人民的不屈与抗争精神。我们衷心地希望这套普及历史知识的丛书对广大人民群众进一步了解中华民族的优秀文化传统，增强民族自尊心和自豪感发挥应有的作用，鼓舞广大人民群众特别是新一代的劳动者和建设者在建设中国特色社会主义的道路上不断阔步前进，为我们祖国美好的未来贡献更大的力量。

陈奎元

2011 年 4 月

出版说明

自古至今，始终坚持不懈地从漫长的文明进程中不断总结历史经验教训，从中汲取有益营养，从而培植广阔的历史视野，并具有浓厚的历史意识，这是我们中国文化独有的鲜明特征，中华民族亦因此而以悠久的"重史"传统著称于世。在整个人类文明史上独一无二、系统完备的"二十四史"即证明了这一点。

中华人民共和国成立后，历史知识普及工作被放到十分重要的位置。20世纪五六十年代，著名历史学家吴晗主持编写的《中国历史小丛书》，90年代中国社会科学院院长胡绳组织编写的《中华文明史话》和《百年中国史话》，成为"大家小书"的典范，而后两套历史知识普及丛书正是《中国史话》之缘起。

2010年年初，为切实贯彻中央关于"做好历史知识普及工作"的指示精神，同时也为了更好地弘扬中国传统文化，我们对《中华文明史话》和《百年中国史话》

两套丛书的内容进行了修订和增补，重新设计框架，以
"中国史话"为丛书名出版。第十一届全国政协副主
席、时任中国社会科学院院长陈奎元亲任《中国史话》
一期编委会主任，时任中国社会科学院副院长武寅任编
委会副主任。正是有了各级领导的关心支持和诸多学术
名家的积极参与，《中国史话》一期200种图书得以顺
利出版，并广受好评。

《中国史话》丛书的诞生，为历史知识普及传播途
径的发展成熟，提供了一种卓具新意的形式。这种形式
具有以通俗表述、适中篇幅和专题形式展现可靠历史知
识的特征。通俗、可靠、适中、专题，是史话作品缺一
不可的要素，也是区别于其他所有研究专著、稗官野
史、小说演义类历史读物的独有特征。

囿于当时条件，《中国史话》一期的出版形式不尽
如人意，其内容更有可以拓展的广阔空间，为此2013年
4月我们启动了《中国史话》二期出版工作。《中国史
话》二期分为经济、政治、文化、社会和生态五大系
列，拟对中国各区域、各行业、各民族等的发展历史予
以全方位介绍。我们并将在适当时机，启动《世界史
话》的出版工作。史话总规模将达数千种。

我们愿携手海内外专家学者，将《中国史话》《世
界史话》打造成以现代意识展现全部人类历史和人类文
明，集学术性、知识性、趣味性于一体的"万有文

库";并将承载如此丰厚内容的史话体写作与出版努力锻造成新时期独具特色的出版形态。

希望史话丛书能在形塑民族历史记忆、汲取人类文明精华、培育现代国民方面有所贡献,并为广大读者所喜爱。

史话编辑部

2014 年 6 月

目录
Contents

序

　　历史，诲人如鉴，它拒绝遗忘、钩沉资政、振聋发聩，诉说千秋功罪、成败兴衰；时间，逝者如川，它带走壮景、淘尽英雄、湮灭平民，留下竹简汗青、文化遗迹。

　　黔江地处北纬30°线，是一片古老而神奇的热土。自刘璋析涪陵置丹兴县至今，已有1800多年建置史，历史文化底蕴丰厚，民族风情浓郁神秘，精神韵姿荡气回肠，自然风光引人入胜。《黔江史话》从区情概览、史海钩沉、丹兴神韵、风物美奂、愿景擘画五个方面，以历史唯物主义的视角，全景式展示黔江形象，成为黔江外宣推介的一扇窗口。它的出版，为黔江广大人民群众、青少年朋友了解和把握黔江历史文化，形成"知我历史，爱我黔江"的观念，特别是镜鉴各级各部门干部执政资政，一定有所裨益。它还有利于促进全区各族人民同气连枝的血肉亲情，同心同德，为加快建设渝东南区域中心城市而努力奋斗。

《黔江史话》的出版，是黔江实施"文化强区"战略又一重大成果，标志着区域历史文化弘扬传承取得新进展，功在当代，惠及长远，可喜可贺！同时，也为《黔江史话》入选"十二五"国家重点图书出版规划项目——《中国史话》，并成其组成部分而感到无上荣光。

《黔江史话》10万余字，方寸之中，尽展黔江风采，体现了编者的功底。他们尊重客观史实，坚持叙从史出，充分体现了"史话"的知识性、可读性。欣值《黔江史话》付梓之际，谨向关心、支持《黔江史话》编写、出版工作，以及为之付出辛劳的同志们表示衷心感谢！

中共重庆市黔江区委书记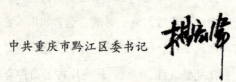

2014 年 8 月

一　区情概览

1　物华天宝

咸丰《黔江县志·形势志》载，黔江县"岩峰耸翠，路径逶迤。（今按）东北跨连荆楚，西南直达夔巴，介酉属之当中，分险要而扼蜀。诚夹邑之奥区，州省之别迳"，故有"渝鄂咽喉"之美誉。

黔江介于东经 108°28′ ~ 108°56′、北纬 29°04′ ~ 29°52′之间，东西宽 45 公里、南北长 90 公里，幅员 2402 平方公里，像翡翠玉梭，镶嵌在武陵山脉西翼，东北、西北与湖北咸丰县、利川市相邻，南及酉阳，西抵彭水，是重庆东南向的出口大通道和区域中心，是武陵山区正在崛起的一颗明珠。黔江主城位于区境中偏东北部渝鄂、渝湘公路交点上，以大众广场为轴心，东为中共黔江区委、区政协办公楼（行署街 919 号），西为区人大常委会、区政府办公楼（行署街 759 号），西北距重庆主城 250 公里，东至湖北恩施 162 公里，南去湖南吉首 367 公里。册山河、城北河在城西沙坝交汇注入黔江河，将主城区分割为东、南、西三个片区。在城市东进战略中，黔江主城与正阳工业园区、舟白航空港、青杠拓展区形成"一城四组团"格局。

黔江属新华夏第三隆起带南西段鄂西渝东褶皱带，底基构造为轻微变质的板溪群，有震旦纪至白垩纪的沉积，也有奥陶纪到第四纪的化石遗存。地处断裂带，北起中坝以西（小南海），向西南经城区西北大垭口、白家湾、青岗坪、箐箕滩至石家河，全长 56 公里，总体走向为北东 30°～40°。黔江地处四川盆地东南边缘，山脉河流走向近似平行，由东北向西南倾斜，呈"六岭五槽"地貌，平坝星落其间。山地占全区面积的 90%，东南部山脉条状明显，切割深；西北部以低山和浅切割中山为主，无明显条状带。山体一般为 700～1000 米，切割深度一般为 400～600 米，属浅、中切割，中、低山地形，海拔 1000 米以上的山体有 17 条，是森林资源的主要分布区。全区海拔 1400 米以上的地区占全区面积的 4.04%，1001～1400 米的地区占 17.18%，700～1000 米的地区占 59.9%，700 米以下的地区占 19.49%，丘陵面积小，主要分布在阿蓬江两岸以及 G319 沿线，海拔一般为 400～600 米，是粮食作物和经济作物主产区，正阳丘陵是最大的丘陵（67.75 平方公里）；平坝海拔低，人口稠密，土壤肥沃，农业发达，是水稻、小麦、油菜、柑橘等农作物的主要产区，马喇湖平坝是最大的平坝（海拔 804 米，面积 4.62 平方公里）。灰千梁子主峰为全区最高点，海拔 1938.5 米，黑溪河与文汇河交汇处的马嘶口是全区最低的地方，海拔 319 米。

黔江属南方（长江）水系，具有流量大、含沙量小、无冰期等水文特点。境内降水以洋面水汽为主，其类型主要为气旋雨，兼有地形雨、对流雨，固体降水极少，年平均降水量为 1213.1 毫米，总量 29.79 亿立方米，属次多雨区，湿润状况垂直分布，干燥指数和农田蒸发力随地势增高而减小。

境内河流较多，河流流程 419 公里，河网密度为 0.42 公里/平方公里，可利用自然落差 1394.7 米，水能理论蕴藏量 16.6 万千瓦，可供开发量 10 万千瓦，流域面积大于 50 平方公里的有 15 条，有开发价值的 10 条，已经建成舟白、渔滩、双泉、嘉禾、深溪河、箱子岩水电站。以八面山为分水岭，东南为阿蓬江（唐岩河）、诸佛江支流，西北为郁江支流，均属乌江支系。有泉水 52 处，可利用发电 11 处。水资源总量为 15.83 亿立方米，人均 4066 立方米、亩均 2.6 立方米，高于全国、全市平均水平。阿蓬江是黔江第一大河，发源于湖北利川市，自北向南纵贯中部舟白、正阳、邻鄂、蓬东、冯家、濯水、阿蓬江 7 个乡镇街道，境内全长 90 公里、流域面积约 1583 平方公里，占全区面积的 66%，有段溪河、黔江河、袁溪河、蒲花河、细沙河、太极河、金溪河、南溪河、深溪河、马喇河等 10 条支流，水能理论蕴藏量 10.74 万千瓦，可开发量 2.39 万千瓦。小南海是境内唯一的淡水湖泊，集水面积 97.3 平方公里，湖面 2.87 平方公里，总蓄水量 7020 万立方米，是黔江城重要的饮水源。黔江地表水资源丰富，呈东多西少的趋势。全区多年平均地下水储量为 2.7 亿立方米，城区系堆积层，地下水丰富，曾开凿水井 106 口，并以水井、寺庙、牌坊众多为特征取名"三多镇"，现仅存明万历三十三年（1605）知县何珩合城时所掘水井一口（今人民小学东侧）。

黔江地处亚热带，受山地地形和季风的影响，形成了具有山区变化特征的典型亚热带湿润性季风气候和山区气候，表现为四季分明，无霜期长，降水多，季节分配不均，垂直变化明显和局部小气候。多年的平均气温为 15.4℃，年均降水量 1300 毫米，年均日照 1340 小时，无霜期 223～309 天（平均为 273.5 天）。

全区土地总面积 239185.14 公顷，其中耕地面积 59716.94 公顷，园地面积 2289.36 公顷，林地面积 138571.44 公顷，草地面积 6744.47 公顷，城镇村及工矿用地面积 10616.64 公顷，交通运输用地面积 2464.92 公顷，水域及水利设施用地面积 3421.53 公顷，其他土地面积 15359.84 公顷，坡度在 25 度以上的耕地占耕地总面积的 50%（其中坡度在 45 度以上的又占一半以上），砾石、沙土 23889 公顷，占耕地总面积的 48.9%，黏土面积 9917 公顷，占 20.3%，水土流失面积占总面积的 63.27%。全区现已发现的矿种主要有煤、铁、硫、汞、铝土矿、铅锌矿、萤石、重晶石、石英砂岩、白云岩、石灰岩、页岩等。其中铝土矿、铅锌矿、煤、萤石、重晶石、石灰岩、石英砂岩、白云岩等为优势矿种。已初步查明资源量：铝土矿 1600 万吨，煤

1500 万吨，萤石、重晶石 200 万吨，石英砂岩 27600 万吨，白云岩 49000 万吨，页岩气 2.5 万立方米。页岩气是一种新型能源，黔江的页岩气主要分布在城西、石会、沙坝境内，是重庆全市蕴藏量的 1/10，可开采 80 年左右，城西"黔井1#"已钻探点火。

黔江地处渝东南生态保护发展区，属渝东南湿润森林植被区，有亚热带常绿阔叶林的特点，植物种类繁多，垂直分布明显，凡在北纬 30°线的珍稀植物，在黔江几乎都能找到，故有"神秘黔江"之美誉。主要乔木品种有 42 科、81 属、146 种，草本植物有 200 余种，中药材 672 种。中华纹母（俗称水石桠）、珙桐、岩柏、银杏、红豆杉、铁坚杉、黄杉、三尖杉、水杉、柳杉、薄皮马尾松、厚朴、白花泡桐等是国家级珍稀植物，三塘盖、麒麟盖、八面山是发展畜牧业的重要基地。细沙河两岸生长着中国最大的中华纹母植被群，灰千梁子的中华杜鹃一年两次绽放。境内野生动物资源丰富，常见野生动物有 4 类、23 目、69 科、147 种。黑金丝猴、毛冠鹿、红腹角雉、鸳鸯、大鲵、猕猴、黔江灰金丝猴、穿山甲、大灵猫、林麝、云豹、金鸡属国家级保护动物。

2 建置沿革

早在 60 万年前，黔江就有人类祖先活动的痕迹。1985年，四川省古人类古生物调查组在冯家街道照耀居委红土湾老屋基洞的考古发现①，将黔江的文明历史上溯到原始社会。《尚书·禹贡》载，黔江之地在夏属九州最西端的梁州，商周（含春秋、战国）为古濮国、巴国属地，秦为"巴之南鄙"，西汉沿袭。

汉武帝建元元年（前140）置涪陵县，其地甚广。东汉建安六年（201），益州牧刘璋采纳涪陵县谢本的建议，将涪陵县拆分为涪陵、永（万）宁、汉葭、丹兴②4县，隋开皇五年（585）易丹兴县为石城县，大业三年（607），省石城县入彭水县，唐武德元年（618）复置石城县，移治无慈城（今县坝老鹰关），唐贞观四年（630）迁治楠木坪。唐天宝元年（742）更名黔江县，1983年11月更名黔江土家族苗族自治县，2000年6月设立黔江区。故丹兴至今，有1800余年的单独建置史。其间，北周保定四年（565），因涪陵郡少数民族首领田思鹤"以地内附"（即以全郡之地归顺中央王朝），在丹兴（今黔江）地置庸州，辖丹兴县，州、县治所均设在县坝老场（今舟白街道县坝居委），黔江历史上两级机构（州、

---

① 1989年9月25日，赵殿增在《四川文物》（第五期）上发表《四川十年考古收获》一文，指出："旧石器地点较重要的发现有重庆马王场、黔江红土湾、资阳九曲河、攀枝花回龙湾、蓆草坪等处。""黔江县红土湾老屋基洞，1985年发现了一批打制石器，共获旧石器成品和半成品800多件，石质以燧石为主，有片石、石核、刮削器、尖状器等器形，大约属更新世中晚期。"

② 《后汉书·地理志》载："丹兴者，刘璋析涪陵所置，以出丹得名。"常璩《华阳国志·巴志》："丹兴县，蜀时省。山出名丹。"《华阳国志》（刘琳校注）："左思《蜀都赋》刘奎注：'涪陵、丹兴二县出丹砂'。丹兴之得名即以此。"

县）首度并存；明洪武十三年（1380）设立黔江守御千户所，黔江两级机构（所、县）再次并存；1939～1944年，第六战区长官司令部部分机关驻黔江，1945年10月川黔湘鄂边区绥靖公署驻黔江，黔江第三次出现两级机构并存；1988年设立四川省黔江地区，黔江第四次出现两级机构（地、县）并存，1998年改置重庆市黔江开发区，2000年6月撤销。

东汉末，丹兴县辖今黔江、酉阳、秀山和贵州省东北部的广袤地区。唐朝改为黔江县后，辖2乡18寨。到宋代，黔江辖白石、门阑、左水、永安、安乐、双洪、射营、右水、蛮塚、浴水、潜平、鹿角、万就、六保、白水、土溪、小溪、石柱、高望、木孔、东流、李昌、仆射、相阳、小村、石门、茆田、木栅、虎眼等29寨。宋元之际社会长期动乱，县境周围的唐岩、忠路、大旺、石柱、酉阳等土司不断蚕食县域，面积渐小。明永乐十一年（1413）酉阳土司冉兴邦发动"京洞之战"，灭州建峒，将势力扩张到蓬水（今阿蓬江）东南（今冯家街道桥南居委），黔江仅辖5里。清代有栅、洛二里，栅山、石会、酸枣、正阳、西池、黎水、泡水、洞口、三屯、青岗、黑溪、白土、三梆、五里、白鹤、金溪、大木、中塘、正谊、茅坝、后坝21乡，清光绪年间知县张九章曾把乡名趣联成诗："栅山林内多酸枣，石会重峰向正阳。月照西池如明镜，风吹黎水似潇湘。泡水溶溶归洞口，三屯叠叠秀青岗。黑溪自有澄清日，白土焉无美玉藏。三梆鼓响人倾耳，五里春明鸟奏簧。白鹤飞来栖大木，金溪流水满中塘。正谊从音睦友好，茅坝居民稼穑强。后坝膏田连阡陌，耕耘乐业广麻桑。"后有逸兴者又仿作二首："桃源仙境是黔江，栅洛平分廿一乡。走马三屯花满树，看山五里客寻芳。西池月照垂杨绿，洞口云深晚稻黄。仙子云中骑白鹤，老农雨后种青岗。栅山烟绕晴虹外，泡水丹黄古渡旁。拾翠前村来后坝，打渔小船到中塘。金溪有梦惊残月，黎水无声送夕阳。白土田肥知地沃，黑溪龙舞拜天阊。正阳人尽衣冠侣，茅坝家乡菽粟藏。酸枣熟时春酒美，正谊到处翰书香。石会硐久经锤炼，大木材堪作栋梁。官衙放出三梆响，黔江美景胜天堂。"又云："泡水长流声沥沥，栅山遥望影苍苍。千秋白鹤云中现，四面西池映月光。青岗幽谷晚霞照，石会深峡端云镶。渔翁黎水蓑堆岸，樵子金溪叶落岗。正阳夜夜书声起，茅坝家家酒味长。后坝客来惊犬吠，中塘人去采莲忙。三梆唱彻三更梦，五里花开满地香。白土田肥粮纳早，黑溪龙跃雨成行。大木起间充国栋，三屯率兵卫家乡。正谊几代安边靖，酸枣留趣带夕阳。洞口寻芳人自乐，官清民不诉公堂。"民国初年沿用清代里、乡之名，1941 年推行"新县制"，全县被划分为 3 个指导区 18 乡 155 保 1576 甲，并将彭水插入黔江境内的召南乡（今白石乡凤池山、李家营一带）和黔江飞入彭水的三义乡相互划转，"川鄂各半"的大路坝全由湖北咸丰县管辖，沙子场仍由黔、咸二县分辖。

解放初，全县辖 5 区 18 乡（镇）。1950 年 12 月，黔、西两县调整"插花地"，互换西阳插入黔江正谊乡的八、九、十村和黔江嵌入酉阳濯河乡的第三村。1951 年 6 月，将县城单列为联合镇，同时从五里乡分置蓬东乡，全县辖 6 区 20 乡（镇）155 村。1952 年 7 月，川东行政公署将酉阳县北部的七、

八、九、十 4 区 14 乡划归黔江，区划增至 10 区 34 乡，版图扩充三分之一。1954 年调整为 97 乡（镇）393 村，1956 年 2 月全县又调整为 7 区 44 乡（镇）。1958～1962 年实行政社合一体制，全县划为 8 个区 52 个公社 522 个大队 3295 个生产队。1984 年，环城乡并入联合镇，濯水、正谊改为濯水镇和冯家镇。至此，全县辖 8 区 52 乡（镇）514 村 3605 小组。1992 年撤销两河区，两河、龙田二乡组建两河镇，城北乡并入联合镇，两镇由县直管（区级镇），同时，新置马喇区辖金洞、旱化、五里、小庄和马喇镇，犁弯乡划归濯水区，全县形成 8 区（1993 年改区委为区工委）2 镇 48 乡（镇）的格局。2001 年 11 月，撤区并乡建镇，全区共设城东、城南、城西 3 个街道，正阳、舟白、小南海、冯家、邻鄂、阿蓬江、石会、黑溪、黄溪、黎水、金溪、马喇、濯水、石家、鹅池 15 个镇，中塘、蓬东、沙坝、白石、杉岭、太极、水田、白土、金洞、五里、水市、新华 12 个乡共 222 个村（居、社区），2007 年濯水镇由 12 个村（居）调整为 9 个村（居），全区村（居、社区）调至 219 个。2009 年 2 月，正阳、舟白、冯家 3 镇改设为街道，各乡政府驻地及鹅池镇政府驻地的村改设为居委，鹅池镇的治安村并入鹅池居委。至此，全区辖 6 个街道、12 个镇、12 个乡、218 个村（居委）、820 个村民小组。

二　史海钩沉

　　古老的黔江热土，物华天宝，风物壮丽，人文荟萃。生息繁衍在这片土地上的土家、苗、汉各族人民，勤劳智慧，敏而好学，创造了厚重的黔江历史文化，形成了朴实的民俗民风，诚如《四川通志·舆地·风俗》所载，黔江"士习洁清，民风淳朴"。这里的人，鸿儒垂简，宦场登峰，商海弄潮，甚至巫医、药师、百工之人，也都各怀绝技。尤其是1921～1949年，中国共产党领导人民开展大革命运动、土地革命斗争、抗日战争和解放战争，黔江人民起而响应，在境内外积极开展了反对帝国主义、封建主义、官僚资本主义三座大山的斗争，涌现出万涛、徐灵渊等一批传播马列主义的先驱，115人为革命献出了宝贵的生命，最终换来了黔江的解放。

1　历史事件

马援征黔

　　秦汉之际，苗族定居武陵山区，秦灭巴后，巴人流亡五溪流域，他们与当地土著部族杂居，共同劳动，披荆斩棘，建设家园，逐渐形成了一个较大的少数民族集体——武陵蛮。

两汉之际，武陵蛮日趋强大。西汉天凤四年（17），田强聚众而起，支援绿林农民起义军。建武二十三年（47），武陵精夫相单程等攻占郡县，刘秀急派刘尚发三郡兵一万人前往镇压，被打得大败。次年又派伏波将军马援率兵四万征讨，驻兵于武陵山九里坡（石会镇境），马援病死于二酉山，马革裹尸而还，汉兵不战自退。汉光武帝无可奈何，只好"招抚"，草率收兵。后人在武陵山竖"伏波将军驻节于此"碑。

邓芝移豪①

东汉末年，汉室式微，群雄割据，战争频繁，弱肉强食，生灵涂炭，百姓苦不堪言，中华大地进入大分裂、大动荡、大融合的三国时期。蜀汉章武元年（221）四月，刘备出兵三峡，攻打东吴。武陵蛮一些首领遣使吴营，请求出兵助战。次年，刘备派特使侍中马良带金银、织帛，经佷山县（今湖北长阳）进入五溪流域，招抚武陵蛮，许以官爵。于是武陵山区、五溪流域的少数民族纷纷响应刘备，归附于蜀。

蜀后主刘禅延熙十一年（248），涪陵郡（郡治在今彭水县郁山镇）少数民族首领徐巨为了摆脱蜀汉的控制，起兵造

---

① 常璩《华阳国志·巴志》载："延熙十三年，大姓徐巨反，车骑将军邓芝讨平之。……乃移其豪徐、蔺、谢、范五千家于蜀，为猎射官。"这四大家议长即涪陵徐舆、徐巨家族，涪陵郡守兰休祖（原稿误，"蔺"应为"兰"）、西夷校尉兰维家族，涪陵县令谢本家族，丹兴县范长生家族。

反，杀死巴东属国都尉，惊动蜀汉朝野。蜀丞相诸葛亮急令车骑将军、江州（今重庆）都督邓芝率兵镇压。这次军事行动，规模很大，邓芝苦战两年多，才俘斩徐巨，平定叛乱。邓芝生性好射击，见猿群出没山间，手起箭出，射中一只母猿，母猿的儿子帮其拔出箭，并用树叶敷塞创口。邓芝顿受启发，叹道："嘻！吾伤物之性，其将死矣！"于是，他采用弱寇强国、釜底抽薪之计，强行将涪陵徐、兰、谢、范四大豪族近五千家迁于成都，多数被迁至灌县青城山一带（今都江堰市），封为猎射官，仍掌有部曲。又将当地老弱者分配给手下韩、蒋二督将，称为助郡军。移豪削弱了当地少数民族的势力，稳定了涪陵郡局势，这实质上是黔江历史上的一次"政治移民"。

蓝玉屯黔

黔江向为少数民族聚居区，"自宋、元以来，半没于夷，为龚、胡、秦、向四土豪所据。龚据水寨，胡据峡口，秦据册山，向据后坝。至是蓝玉征占之，设立千户所"。

《明史》载："洪武五年，凉国公蓝玉征黔江，平之。"明洪武五年（1372），蓝玉随傅友德等入川，攻打明玉珍大夏政权。当时黔江之地属大夏辖地，蓝玉派遣副将赵士英率3000精兵，由巴东入鄂西，进黔江，修筑石城，驻兵扼守，撤销黔江县，并入彭水县（十一年复置）。《明太祖实录》载："洪武十一年六月，彭水知县聂源济言，黔江地接散毛，甚顺酉阳，诸洞蛮出没，屡为民患，宜设兵屯守。诏从其言，置千户所镇之。"于是，蓝玉于洪武十三年（1380）再次陈兵于黔，开荒种地，建设城池，设立黔江守御千户所，实行军屯，配正副千户各 1 员、百户 5 员、官兵 1216 名，屯守各半，守军驻石城，屯军驻桃子坝、南沟、茶园，名叫"三屯"（后改名为"三屯乡"），卢祥被任命为黔江县令。官军就地开垦，自足军粮，控制诸夷。后指挥孙旺督领百户谢昂等，自龙桥起，开渔滩、小江坝、大堆坝、上下庙溪、官河、谢家坝、过小河、泉门口、桐车坝、穿石、高碛口、两河口耕种为业，同时控御酉阳土司。鄂西方面，置施州卫（今湖北恩施）、大田千户所（今湖北咸丰），守军力量较强，遇有战事，黔江千户所必出兵助战。

何珩合城①

何珩，湖北宜都人，明神宗万历三十二年（1604）任黔江县令。他博学多才，擅长文学，勤于政事，治县有方，还懂阴阳五行、医疗占卜之术，是黔江城镇化建设的先驱。

明洪武十三年（1380），卢祥辅佐蓝玉征黔，在县城东另筑一城，设立黔江守御千户所，卢祥也因功被授予黔江知县。县城墙用泥土构筑，千户所城墙用石头垒砌，两城面积狭小，相距数里，往来不便，限制了黔江城市的发展。所以，早在明万历之初，就有合城迁县之议，但要么是合而不迁，要么是迁而不合，直到万历三十二年何珩到任后，才提出既迁又合的方案。他召集黔江官员、士绅、居民代表征求意见，得到一致赞同，并要求趁着冬闲开工。于是，何珩亲自拟订合城迁县方案，呈报制台王公，藩宪周公，郡伯彭公、孙公等，均得到了

---

① 见李茂元《黔江县迁合城记》（载清咸丰《黔江县志·艺文志》）。

认同。随后，何珩为制订详细的迁合规划方案，察看地形地貌，审视城池方位，实测城池面积，估算城墙高低，计划用材用料和所需钱粮、劳工，考虑工程负责人，占卜开工日期，事无巨细，亲躬擘画。整个工程于万历三十二年（1604）十一月壬子日开工，至万历三十三年（1605）五月壬午日竣工，没有出一件安全事故，没有处罚一人，没有一个人有怨言。两城合一，即撤除内部城墙，将外部城墙连为一体，东南一半为石墙，西北一半为土墙，城墙通高一丈三尺（约4.3米）、底厚四尺（约1.3米）、顶厚三尺（1米）、周长三里六分，计六百三十丈，有五座城门，东南西各一门，北有大小北门。五座城门依次为正谊（领夷）、望京、宣化、柔远，县城迁建，即将偏僻的建筑向中心地带迁移，堂署、厅廊、门槛、坊馆、仓库、亭台、埔垣、楼棚经及祠庙、街道应有尽有。此后，何珩出台优惠政策，鼓励黔江民众进城居住，促进了黔江城市的扩容和发展。

金薯传习

翁若梅，字羹堂，福建闽县人，乾隆三十一年（1766）丙戌科进士，乾隆三十五年至三十九年（1770～1774）任黔江知县，为政宽和，勤政爱民，案牍之余，亲课文艺，是将红薯引入黔江推广于武陵山区的第一人。

乾隆三十五年庚寅，翁若梅出任黔江知县，恰逢黔江大饥荒，他开仓放粮，赈济灾民，无奈库存不多，只得到重庆、夔州购买粮食赈灾。虽然灾民得以稍安，但还是有杯水车薪之欠，他一想起民众的困苦，就自责不安。九月，福建好友陈捷先给他寄来一本自己所著的《金薯传习录》，他读后大受启发：如果种植红苕，黔江人何至于刨蕨、采蒿、挖泥（有种白砂泥可少量食用）、捕鼠为食？于是他邀请黔江一些有名望的老人到县署，让大家传看《金薯传习录》，并讲述种植红苕的好处，动员大家带头种植红苕。但是，一些人以黔江的地理环境不适宜红苕栽种为由，拒绝种植红苕。翁若梅不厌其烦地做大家的工作，他说："红苕，是明万历二十二年（1594）甲午金抚军陈经纶从吕宋（今菲律宾）引进到福建栽种的，因而解除了福建的粮食短缺问题，后经陈氏子孙推广到两浙、青、豫、幽、燕等地，可见红苕生长是不择地方的，难道唯独不宜于黔江？"大家觉得他说得有道理，纷纷表示愿意一试。随后，翁若梅亲自抄誊《金薯传习录》若干，教授黔江人民种植红苕。通过试种，百姓获得丰收，翁若梅大喜过望，欣然作《金薯颂》："天粒蒸民，爰降菽粟。亦有佳种，产自殊俗。其味维饧，其色维玉。入我闽土，既丰且足。殊俗伊何，自国吕宋。维金抚军，始教栽种。聿赞厥成，陈生与共。殖我田畴，舆人作诵。万历甲午，入我邦土。亦越于今，爰及齐鲁。齐鲁孔硕，爰及畿辅。时维捷先，克绳祖武。靡种弗生，无硗无沃。靡生弗实，宜雨宜旭。自南徂西，施于巴蜀。我树其苗，黔阳之曲。"然后在全县推广。次年，红苕种植技术传入彭水，并逐渐向四川盆地、云贵高原、两湖平原传播，缓解了武陵山区人民饥荒之苦。

乾隆五十一年（1786）冬，乾隆皇帝特允侍郎张若淳的请求，在全国各地广泛推广红苕种植，以解救灾荒之需。于是，山东巡抚陆耀所著《甘薯录》颁行各州县，红苕种植在全国推广，对解决人民的吃饭问题做出了重大贡献。

太平军过境

1851年兴起的太平天国运动，是中国近代史上最大的一次农民革命运动。太平军北伐西征，转战千里，推动了全国各地反对清朝统治的斗争。"天京事变"后，翼王石达开由于受到猜忌，负气率十万精锐部队远征，独立进行反清斗争，其部两次经过黔江。尽管石达开的出走，导致了太平天国的分裂局面，但由于他率领的太平军仍然坚持反清宗旨，所以引起了清代黔江官府的恐惧和惊慌。官府一面颠倒黑白，造谣中伤，把太平军污之为"发匪""长毛贼"，一面密商毒计，飞请援兵，招募乡勇，对太平军进行防堵追剿。太平军则大力宣传"天下一家，共享太平之乐"及"有田同耕，有饭同食，有衣同穿，有钱同使，无处不均匀，无人不饱暖"等政治主张，加之太平军纪律严明，不欺压百姓，因而赢得了广大人民的欢迎和资助。

清咸丰十一年（1861）八月，石达开所率太平军之一部，自贵州婺川县境至武隆县羊角碛，由彭水进黔江。黔江知县胡明晋闻报坐卧不安，忙召集都司谭健、教谕李曾白、千总邓纲纪、典史俞圻等僚属和乡绅到城南万寿宫议事，有的提出"急发侦探，飞禀酉牧，并檄请援于绥宁协属各营，召募乡勇，以资防守"，但有的称经费困难，有的担忧粮饷不济，一时议论纷纷，无以为计。太平军到彭水郁山镇后，胡明晋慌忙乞援，并命令五品都司谭健率黔城兵丁及各地乡勇共六七百人到大梅子关布防，令李香统领新募勇丁 200 余人分防于小梅子关，同时分别在县境各大道设卡盘诘。新募兵丁大多来自村野，对清政府的统治早有积恨，都不愿意为其效劳，更不愿与太平军作战，李香率新募兵丁至小梅子关草草设防，不久谎称太平军到，便撤防回城，胡明晋闻报惊恐万状，钻进马房翻身上马便往城西而逃，李香知道后率众追赶。因而官府给李香扣上"叛逆通贼""意欲作乱"的帽子，通缉李香，李香只得携其子李中桂并随从十余人，从黔江后坝入湖北咸丰县境，后又辗转去了来凤。酉州牧王鳞飞致函来凤知县王颂三遣人助擒，遂于来凤龙岗严家将李香等捕获，不久，忽传他的余众要劫出李香接应太平军，王颂三即将李香等十余人全部杀害。

由于李香让出了小梅子关的通路，太平军顺利沿关而上，并循山抄至关后，合围都司谭健所率的清军，在太平军的猛烈冲杀下，都司谭健等头目战死，士兵也伤亡甚多，其余皆溃散逃匿。典史俞圻在关下见太平军已获大胜，急忙策马飞驰入城，与胡明晋、邓纲纪一道，如惊弓之鸟，往八面山上落荒而逃。教谕李曾白对摇摇欲坠的旧政府深为留恋，拒绝出走，并直奔学署，把大印系于怀中，自缢于明伦堂上。咸丰十一年八月十九日（1861 年 9 月 23 日），太平军入城后，并非像反动政府所说的是烧杀淫掠之"匪"，"仅焚县厅两署而已"。太平军一面搜捕贪官污吏，与外面增援的清军作战；一面安抚各族人民，开仓以济贫困。当时动用的仓储，一是常平仓，共 21 间，额谷下存 1180 石，全部动用；二是社仓，尚存京斗 5900 石，被太平军动用 4437 石；三是借用租谷，自雍正五年起至咸丰十一年止（1727～1861），共存谷 79 石，全部动用。以上共动用谷物 5696 石（引自光绪《黔江县志》），其中除太平军自己食用的部分外，其余的全分给贫苦百姓。在铁的事实面前，一部分群众解除了疑虑，对太平军衷心欢迎，极力资助，有的还主动配合，协同作战。太平军去湖北之前，有一个名叫广大五的人，就曾进入咸丰大吉场了解情况，联络当地群众以为内应（引自同治《恩施县志》），不仅民众主动与太平军配合，就连清军营垒也慑于太平军的声威而有所分化。当太平军至张家坝时，联署处委易某曾结太平军"犒以酒食"。太平军在黔江驻扎 20 余日，于咸丰十一年九月十四日（1861 年 10 月 17 日）离开县城，黔江不少群众加入太平军的行列。太平军去湖北途中，在县坝场对面的长岭岗击溃了施南协副将惠春的阻截，乘胜挺进咸丰县城，旋即进入来凤。

官府被太平军吓破了胆，一有风吹草动，便惊慌逃窜。同治元年正月初八日（1862 年 2 月 17 日），北风呼啸，严寒彻骨，飞雪连天。知县周汇澜（江西吉水监生）得知太平军又返回咸丰丁寨即将来黔江，便顾不得天寒地冻，仓皇出逃。后得知太平军只是取道咸丰丁寨前往利川，他才从青岗坐滑竿返回县城，至南门入署。一群天真无邪的小孩儿绕着"县太爷"的滑竿唱起歌谣，冷嘲热讽，以致周汇澜羞愧难当，无地自容，后精神失常，吞金自杀。

清同治三年七月初二日（1864 年 8 月 15 日），石达开部将李复猷率部再克黔江。李部从贵州经彭水王家沱至水车坪（今水市乡）到谢家坝（今濯水镇蒲花居委），在此兵分两路，一路过太极场（今太极乡）入筲箕滩（今金溪镇），另一路由冯家坝沿大路坪（今寨子村）至青岗坪，之后两路汇合。七月初二日黎明，列队进入黔江县城，知县谈廷械（江苏武进监生）在太平军未入城时便携家带口，远避40里外的官渡河水寨山上，太平军撤离黔江县才返归县城。太平军在黔江休整3日后，去湖北咸丰，复又折回经沙子场（今邻鄂镇）、干溪（今五里乡），去酉阳、秀山，之后出湖南。黔江人民对谈廷械早存不满之心，便共同具纸控告他"官守不与民同患"以及"勒派、失守等情"，因此谈廷械后被督宪撤任。

太平军两次过境黔江，都受到黔江各族人民的欢迎和支持，有的公开引路，方便义军；有的暗中联络，里应外合；有的主动配合，协同作战；有的自愿从军，驰骋疆场。在群众的支持下，太平军四处出击，捷报频传，声威大振，清政府受到了沉重的打击。

黔江教案

随着中国一步步地沦为半殖民地半封建社会，帝国主义列强加紧了对中国的经济掠夺、政治干涉和文化渗透。1857年，法国拿破仑三世以"马神甫事件"为借口，与英国联合发动第二次鸦片战争，联合西方列强迫使清政府签订丧权辱国的《天津条约》。《天津条约》的签订，使外国传教士在中国更加横行无忌，胡作非为，肆无忌惮地向内地渗透，成为"侵略势力进入内地和少数民族地区的先锋和重要堡垒。外国传教士以传教和办学堂、医病、育婴等'文化慈善'事业作为招牌，从精神上来麻醉奴役中国人民。他们出入官府，包揽词讼，制造'教民'与群众的纠纷，强夺田产，甚至指挥和教会有联系的流氓土棍大批杀害反对教会的民众（如1869年四川酉阳'教案'），并经常向清政府提出撤换地方官吏的要求"①。法国教会更是这一波文化侵略的急先锋，他们于1858年率先进入重庆，并以重庆为大本营，向西南地区扩张，在黔江就两度引发"教案"。

清同治七年（1868），法国天主教川东教主范若瑟指使传教士李国在酉阳组织洋枪队，垄断川东桐油资源、霸占小摇坝汞矿，特别是火石垭、纸房溪一带（今属黔江区石家镇）的传教士和不法教徒奸淫掳掠，民众苦不堪言，遂激起众怒。1869年1月，民团首领何彩（土家族）与刘福、曾占鳌、赵三、简弗祥等率众捣毁纸房溪教堂，杀死李国，进军酉阳州。但清廷却出兵镇压，赶杀贵州来援民团，搜捕打教民众，纸房溪教堂华籍司铎谭甫臣也趁机率教会武装疯狂报复，屠杀民众145人、重伤700余人、烧毁房屋100多间，秦心元、魏三元、张狗、任绍元、石新喜被五马分尸，何大发的妻子等3名妇女被轮奸致死，黄老万被"点天灯"，何彩被追捕，刘福被绞死，曾占鳌被发配2000里，赵三、简弗祥被流放，宋昭楼、冯石鱼背井离乡，杨祯廷客死贵州还被挖坟搬尸，运回黔江由教会验明正身。最后清廷赔偿教会白银3万两。这一事件当地人称"何彩打教"，史称"酉阳教案"。

---

① 见翦伯赞《中国史纲要》（下），第417~418页。四川"酉阳教案"发生地火石垭、纸房溪一带当时属酉阳县，1952年7月划归黔江县，今属黔江区石家镇。

同治十二年（1873），范若瑟凭借"酉阳教案"获得的不当权利，两次派司铎余克林，教士张紫澜、戴明卿到黔江城强占土地，修建教堂，胁迫民众从教。7月14日晨，贡生李渊树、文生杨万象、屠夫陈宗发、裁缝谢家俸、小贩郑双莖和蔡从僖等民众到教士住所对其强制行为进行质询，遭到教士的恶语训斥，激起众怒，陈、谢、郑、蔡上前扭打余克林、戴明卿，由于群情激奋，将两人痛打致死。事件发生后，法国威逼清廷赔偿白银4万两，判处陈、谢死刑，郑、蔡杖刑一百，李、杨及知县桂衢亨革去功名，这一事件史称"黔江教案"。

庚戌起义

1911年1月3日（农历庚戌年），中国同盟会会员温朝钟率铁血联英会发动武装起义，史称"庚戌起义"。

1907年，温朝钟受同盟会派遣回黔宣传革命，与王克明、黄玉山等黔、咸两地仁人志士在小南海朝阳寺组建"铁血英雄会"，积极准备武装起义，几个月内，黔江、咸丰、利川、酉阳、彭水等县入会群众就达上万人。宣统元年（1909），"铁血英雄会"改组为"川鄂湘黔铁血联英会"，提出"义联英俊，协和万邦，推翻满清，打倒列强，复兴汉族，实行共和"的政治主张。1910年12月底，温朝钟、王克明等200多名铁血联英会义士以朝山为名，齐聚彭水县凤池山（今黔江区白石乡、杉岭乡交界处），商讨起义事宜。因事机不密，被与温朝钟有仇的族叔温百川探知，便飞报咸丰、黔江两县知事衙门。咸丰知县徐培因同情革命而不为所动，黔江知县文拯则纠集地主豪绅商议镇压之策，派兵在大垭口、八面山一带防守堵截。温朝钟见事已泄露，便决定立即起义。

1911年1月3日，温朝钟等在凤池山剪发断辫，揭竿而起，分兵两路，直指黔城，1月7日攻占黔江城。10日，义军主动撤至两会坝（今石会镇政府驻地），8000余义军整编为"国民军"，以师、标、营、队建制，温朝钟任国民军司令，王克明为副司令，黄玉山为后勤总长，义军将士均剪去发辫，戴白袖章，外衣前后粉书"国民军"。

义军攻克黔江城后，清政府急令川、鄂、湘、黔四省督抚"合力兜剿"，酉阳州牧杨兆龙抢先进占黔江城，沿"万柳堤"设防。12日，义军回师黔城，在城西沙坝遭清军伏击，伤亡惨重，经过血战，突围至中塘，安置藏匿义军将士后，温朝钟率几十名骨干退至湖北咸丰破水坪飞龙寺。17日，被清军围困，义军奋勇突围，终因寡不敌众，全部壮烈牺牲，温朝钟被割颅分尸，时年32岁。王克明潜回家后，被两会坝团总王明堂捕杀，剖腹挖心，暴尸三日，田产充公。

黔江庚戌起义虽然失败了，但是在时间上比武昌起义还早9个月，可以说是辛亥革命的前奏。它极大地震撼了清政府的统治，鼓舞了人民的革命斗志。1911年11月23日，义军余部王杨氏（王克明之妻）、王建帮（王克明之侄）、谈国材等再次起义，赶走知县王良鼎，建立黔江军政府，从而结束了清王朝在黔江的统治。

红军占黔

1933年，为粉碎蒋介石向洪湖苏区发动的第五次"围剿"和摆脱湘鄂西中央分局推行"左"倾路线所造成的困境，贺龙、关向应等率红三军主力，突破敌人的围追堵截，千里跃进鄂西山区。12月19日，湘鄂西中央分局在湖北省咸丰县的大村召开会议，讨论红三军失败的经验教训和当前的形势，决定放弃湘鄂西苏区，运动到川（渝）东南、黔东北"创造湘鄂川黔新苏区"。会议期间，湘鄂西中央分局获悉黔江保安团团长兼忠丰石清乡司令周化成运了大批军火到黔江，于是决定军事上首先攻占黔江城。随后，贺龙在湖北咸丰县活龙坪召开团以上干部会议，做战前动员并下达作战命令。

12月22日拂晓，红三军从活龙坪出发，由红二十一团团长钟志廷、红三军第二特科大队大队长龚昌荣率部为前锋，红三军军部、红九师、红七师殿后，奔袭60公里，取得了首战大路坝、轻取中坝、再占县城三战皆捷的战绩，为创造湘鄂川黔新苏区举行了一个奠基礼。

红军占领黔城前夕，国民党黔江县政府县长殷鉴、保安团团长周化成举兵焚城，然后带着200余残兵败将从南门仓皇逃走，土豪宁育桥及住在他家的川军三十七团一营逃跑时也纵火焚烧。红军战士入城后，立即投入扑火的战斗，抢救人民财产、清偿民众损失，军长贺龙、红九师师长汤福林等亲临救火现场指挥，经过两个多小时的扑救，扑灭了烈火。之后，红三军司令部、军长贺龙驻太平岗天主教堂，部队分驻下坝、桃子坝和西山。安顿了部队，贺龙又亲自过问对群众损失的清偿工作，责成军部副官花顺涛按原价或比原价稍高的价格补偿民众房屋、财产损失，当群众领到红军发给的银圆和其他折价物资时，十分感动，特地推荐刘存周、汪绍齐为代表拜谢贺龙。贺龙亲切接见了两位代表,关切地询问补偿情况,与刘、汪促膝谈心,了解黔江百姓疾苦,宣传革命思想。

23~28日,红三军在县城和黔江境内开展了一系列如火如荼的革命活动。一面派出小分队赴栅山、县坝、舟白、正阳、两会坝、香山寺等地继续扫荡逃散之敌,一面查抄国民党黔江县政府,张榜布告安民,书写"红军是工人和农民的军队!""打倒蒋介石!""打倒土豪劣绅!""红军不拿工人和农民一针一线!"等标语,印制、散发《红三军入川告酉秀黔彭父老兄弟姊妹书》《中国工农红军的任务和纪律》,打开监狱释放在押人员,逮捕警察局局长庞继凡等旧职人员。

24日上午,红三军在黔城南门外魏家塘河坝召开群众大会,军长贺龙亲自到会宣传革命道理,他用朴实的语言、生动的事实,揭露帝国主义、封建主义和官僚资本主义的罪行,揭穿国民党的反动宣传。他向群众介绍红军是共产党领导的、为人民谋翻身求解放的队伍,是人民的子弟兵,他号召黔江人民积极行动起来,军民合作,共创湘鄂川黔新苏区。随后,红军在县城、城北、舟白等地,先后打了宁斐然、李志深等18家土豪,派出工作人员四处访贫问苦、送衣送粮,深入宣传革命思想,进一步消除了群众的思想顾虑,推动了打土豪斗争的顺利开展。红军以自己的实际行动,粉碎了国民党反动派的无耻谰言,很快赢得了广大群众的信任,他们的恐惧心理一消除,躲在城外的老百姓就都陆续返回,商店、摊贩照常营业,赶场的人络绎不绝,黔江县城呈现出一派红火热闹的场面。

初占黔江,处境困难,生活困苦,但红军纪律严明,官兵平等，秋毫无犯。军长贺龙、政委关向应和蔼可亲、平易近人，与战士同甘共苦，吃一样的菜饭，穿一样的补丁衣服。关向应几年都没有被子盖，不论刮风下雨，到了宿营地，就摆上一些稻草，一条毯子，席地而睡。他们深入群众，了解群众的疾苦，打土豪的时候，群众有顾虑，贺龙亲自叫战士把没收地主的东西分别送到群众家里，对鳏寡孤独特别加以照顾。对红军纪律要求特别严格，如果发现有违反的，一律严肃处理。有位红军新战士在城北桃子坝买鸡，他给钱，老乡不要，反复推让了很久，老乡还是不要，他就把鸡拿回了部队。贺龙知道后，当晚召开军人大会，指出一定要遵守红军纪律，买卖公平，不能让群众吃亏，责令该战士给群众付足鸡款。居民余新海在红军攻城时因听信国民党当局的反共宣传，举家出逃，红军把他家挂在门外的干豇豆吃了，就用纸包好两块银圆放在他家里，余新海回来发现后非常感动，逢人便说红军好。红军请群众做事情，都要给报酬，红军请杀猪匠宋九成杀猪，除把猪头、猪油和内脏都给了他，还送了他 10 斤大米，他很感激。红军请住户全家吃他们的饭，没回来吃饭的也要留饭。部队出发前，总要把门板上好、铺草捆好，打扫干净。向群众借的东西，都要归还，毁坏或丢失了照价赔偿。部队走后，还留下纪律检查组，挨家挨户查问，防止疏漏，黄四娘家不见了 4 个碟子，纪律检查组就按价赔了 10 个铜板。

红三军纪律严明，处处为人民着想，同人民心连心，深得黔江广大群众的拥护和支持，他们为红军带路，协同红军捕捉溃逃的敌兵，帮助红军抬伤病员，让出房屋给红军住，积极向红军反映敌情，正是由于民众的检举揭发，罪大恶极的警察局局长庞继凡才被抓到。他们为红军煮饭，冒着炮火给阵地上的红军送饭。他们听说红军要走，积极为红军做干粮，让红军带着打仗吃，城内开小面馆的曾和清及其父母、妹妹全家齐动员，为红军烙大饼。红军和黔江人民这种鱼水关系，也点燃了黔江人民的革命激情，当时就有300多名黔江青年参加了红军。

红三军攻占黔江，震撼了川（渝）东之敌，国民党第二十一军军长刘湘慌忙派第五师师长陈万仞率达凤岗旅徐耀光、黄子裳、陈阶平、何甫之等团及周化成保安团向黔江反扑。由于众寡悬殊，12月29日，红三军主动撤离黔江，转移到活龙坪一带活动。撤离时，由于受到王明"左"倾路线的影响，红三军九师政委宋盘铭①被错杀于黔江城北门外棺山，造成了黔江历史上最大的冤案。

1934年上半年，红三军转战黔江境内。其间，三进三出马喇湖，活捉土豪莫耀堂。5月6日，红三军将士集结濯河坝黄泥沱，50多名当地船工划着木船将红军将士渡过阿蓬江。7

---

① 宋盘铭（1909～1933），河南省郾城县（今漯河市源汇区阴阳赵乡大楼魏村张庄）人，中共党员，先后担任湘鄂西中央分局委员、军委分会主席团委员、湘鄂西省共青团书记、红三军七师和九师政委，1933年12月29日因受"王明路线"影响被错杀于黔江。1984年11月10日湘鄂西苏区革命烈士纪念馆在湖北省洪湖市落成，宋盘铭被列入革命烈士英名录。12月，中共黔江自治县委、县政府在河滨公园修建"宋盘铭烈士纪念亭"。

日，红三军将士在水车坪皂角树（当地人称"红军树"）下誓师，进军彭水。

抗日救亡

九一八事变后，黔江西北部的黎大乡广文小学率先兴起了抗日救亡运动。

1931年冬，黔江黎大乡广文小学校长田纯卿，教员、中共党员周念民①、杨瑟若（周念民之妻）等，以学者名义，通电"抗日反蒋"，强烈要求蒋介石引咎下野，谢罪国人。接着，他们组织"抗日救国会"，由田纯卿、周念民负责，学校师生都是抗日救国会会员，同时号召渝鄂边区各界人民不分地域区划、党派团体、宗教信仰、男女老幼，都可参加抗日救国会，结成抗日统一战线，团结抗日。周念民等向学生宣传革命道理和国内形势，灌输爱国主义思想，教学生唱《松花江上》《大刀进行曲》等抗日救亡歌曲，师生们的抗日情绪愈来愈强烈。在周、田、杨的带领下，广文小学"抗日救国会"还联合黎大乡永福小学师生，利用黎水坝赶场的日子，上街游行，张贴标语，高呼口号，大唱《打倒列强》《流亡曲》《大刀进行曲》等抗日救亡歌曲，宣讲和揭露日本帝国主义侵占我国东北三省、亡我中华的罪恶阴谋，唤起群众的觉醒，声援抗

---

① 周念民（1905～1935），原名周永渝，又名周集成、周益林、周天明，土家族，湖北省利川市人，中共党员，先后担任过红三军独立团团长、红六师和红九师参谋长、军部参谋处处长等职，1935年2月因受"王明路线"影响被错杀于湖南省永顺县塔卧镇。1983年9月，中国人民解放军总政治部追认周念民为革命烈士。2009年10月1日，中共黔江区委、区政府在黎水镇修建周念民烈士纪念亭。

日。周念民等的抗日爱国行动，震动了川鄂边区，在黔江也产生了很大反响，引起国民党黔江县党部和县政府的猜疑与注意，他们计划逮捕周念民等人。1932 年 4 月，田纯卿闻讯后，立即通知周念民、杨瑟若，护送他们返回湖北利川老家。

1933 年，田纯卿聘任共青团团员查干青（又名查允更）为广文小学校长，继续承担起宣传抗日的重担。1934 年，中共党员、湖北南漳县人张壮飞来到广文小学校任教。他们以教师职业为掩护，在群众中积极从事党的地下工作，宣传反蒋抗日主张，他们在学校大门两侧书写"明耻""教战"，学校成为进行爱国主义宣传教育的主阵地，把抗日爱国教育作为学校的主要任务。张壮飞、查干青的抗日爱国行为，引起了国民党当局的注意，1935 年初，国民党黔江县党部决定逮捕张壮飞。校董田纯卿闻讯后，秘密护送张壮飞前往江西瑞金革命根据地。

以广文小学为先导的黔江西北抗日风潮很快波及全县，黔江各学校，如白土乡私立粹新小学、县城三元宫县立第一高等小学堂、两会坝第二高等小学堂、正谊乡高山堡第三高等小学堂、马喇湖小学堂、濯河坝小学堂等纷纷掀起抗日救亡热潮。在"四川省抗敌后援会黔江分会"指导下，黔江县政府也在1939 年召开春季行政会议，讨论抗战宣传问题。学校的宣传队、歌咏队和话剧队纷纷上街下乡义演，《大刀进行曲》《义勇军进行曲》《松花江上》等抗日救亡歌曲由学校唱到社会，"打倒日本帝国主义""出兵抗日，收复失地""铲除汉奸卖国贼""国家兴亡，匹夫有责"等抗日标语写满大街小巷，遍及城乡。

抗战期间，黔江人口始终保持在 11 万~13 万之间，但黔江人民为了抗战，投入了大量的人力。抗战八年中，黔江征送壮丁 4356 人，参加青年远征军 60 人，四十三军副军长李永端、六十四师少将参谋长王宇震、二十九集团军和四川省政府税警营中校营长庞孝煊等 3 名军官和 37 名士兵殉国。在川湘公路建设中投入劳工 5000 余人，在秀山机场建设中投入劳工 4406 人。

解放黔江

1949 年 8 月 29 日，蒋介石在重庆召集蒋经国、张群、钱大均、胡宗南、宋希濂、刘文辉、邓锡侯、孙震、王陵基、谷正纲、罗广文部署西南防务，提出"固守四川，确保大西南"的方针，命令胡宗南、宋希濂、罗广文、孙震固守川陕甘、渝鄂边，阻止解放军进入川渝大地。11 月 1 日，中国人民解放军第二野战军第三兵团司令员陈锡联率十一、十二军和第四野战军四十七军组成左翼集团，协同四野四十二军、五十军和湖北军区部队组成的右翼集团，在渝鄂湘黔 1000 多公里的宋希濂防线发动了渝黔战役。

三兵团为在渝东南地区聚歼宋希濂部，各部星夜兼程，拟抢占彭水，截断宋部退路。十一军沿石门、慈利、桑植西进，9 日攻占龙山、来凤，守军西逃。十一军三十一师跟踪追击，11 日占领咸丰，宋部五十四师向重庆黔江逃逸，被围歼于黔江县坝湾塘，俘 5000 余人。12 日，三十一师九十三团解放黔江。与此同时，十二军三十六师 7 日解放秀山，11 日攻占西阳，北上两河口（时属酉阳县，今黔江区阿蓬江镇），歼灭宋军一部后，三十六师一〇六团一营快速向黔江进发，在正谊乡（今黔江区冯家街道）冯家坝大桥与守军激战，毙俘敌 30 余人，然后挺进黔江城，与先期到达的三十一师九十三团会师。

黔江解放后，由于接管黔江政权的西南服务团一团四支队四中队还远在湖南常德，遂暂由九十三团副团长康锡迪代理县长，负责地方事务。21 日，四中队指导员侯书堂、队长王政等 6 人抵达黔江，结束了黔江的军管。23 日，中共川东区黔江县委员会成立，侯书堂任县委副书记（主持工作）。25 日，黔江县人民政府成立，王政任县长。县委、县政府的成立，标志着新生的人民政权正式诞生，黔江人民翻身做了主人，开启了黔江历史的新纪元，也由此拉开了接管、征粮、剿匪、建政的大幕。

剿匪斗争

1949 年 12 月 5 日，中国人民解放军第二野战军首长刘伯承、邓小平、李达等抵黔，住宿黔江中学。参谋长李达接见了中共黔江县委副书记侯书堂并传达了刘邓首长的指示："形势很好，全国很快就要解放了；但情况很复杂，特别是西南地区，国民党的主力部队消灭后，地方武装和土匪、地主勾结起来，还要捣乱，你们要提高警惕，加强军政、军民之间的团结，大胆使用地方干部，依靠他们联系群众，了解旧职人员的活动情况……我们的大部队过去后，土匪可能闹起来，那时你们书记、县长就要带兵打仗了。"

大军过境，声势浩大，国民党政权的残渣余孽蛰伏地下，社会秩序也比较安定。但是，形势正如刘邓首长所预见的那样，暗流汹涌。

解放初期的黔江，形势严峻。首先，干部少，只有西南服务团黔江中队的57人、中共党员45人，下辖的5个区每区仅配干部3~4人，驻军只有200人的警卫营。其次，粮食供应紧张，每天要接待过境解放军5000~10000人，军粮和地方用粮每天近5000公斤，土豪劣绅拒不交粮，还勾结土匪偷袭征粮队。最后，匪特活动猖獗，军统特务李克昌、曾纪纲、谈竹安等潜伏黔江，发展特务组织，国民党黔江县政府为了"应变"，有计划地将一批武器交到杨瑶泉（县参议长）、杨德滋（县参议员、民团团长）、周正治（县参议员）以及一些乡、保长手里（谢建安、龚云龙），令其伺机东山再起，特务、反动的旧职人员、恶霸、地主、惯匪、地痞、流氓纠集勾连，蠢蠢欲动。

早在1949年12月3日，酉阳专区专员庹贡庭即受命潜往鹅池乡渗坝岩窝坨（时属酉阳县，今黔江区石家镇渗坝村）召集陈铨（川匪，曾任蒋军团长、师参谋主任）、谢建安、周正治等20余人召开"应变紧急会议"，秘密策划"武装暴动"。29日，庹贡庭又窜到湖南龙山县八面山麓的岩寨落，召集瞿波平、杨树成、师兴周、陈铨等人成立"川黔湘鄂民众自卫委员会"，其下拼凑"川黔湘鄂民众自卫军"，庹贡庭任主任委员兼总司令，陈铨、杨通贤（黔匪，曾任蒋军副师长）、米凡甫（鄂匪，鹤峰等5县联防司令）等为副总司令，下辖8个纵队30000余人，除第六纵队活动于秀山及贵州边境、第七纵队活动于酉阳和黔江外，其余6个纵队活动于湖南、湖北各地。

陈铨任"自卫军"第七纵队司令，谢建安、杨德滋任副司令，周正治、龚云龙分任支队长和大队长，以龚滩为据点，活动于酉阳、黔江各地。杨德滋把黔江的土匪纠集成"自卫军"第十三纵队，自立为司令，韩孝顺、周正治为副司令，号称7个支队2000人，与第七纵队互相呼应、沆瀣一气、狼狈为奸。

当时，黔江境内土匪黔南以谢建安、龚云龙为首，黔东北以杨德滋为首，黔西北以谈竹安、罗炳然为首，共有43股4700余人，拥有步枪3500余支、机枪43挺。而留用的18个乡的旧乡长有6人叛变、8人通匪，仅4人忠实服务于新政权。一时间，真是"山雨欲来风满楼""黑云压城城欲摧"，他们从各个方面颠覆新生的人民政权，破坏基础设施、实施恐怖活动、杀害干部群众。1950年1月20~23日，杨德滋、韩孝顺、周正治等配合秀山匪首（"自卫军"第八纵队）周燮青、杨卓之攻陷龚滩，30日攻陷秀山县城，土匪气焰甚嚣尘上，为蠢蠢欲动的黔江土匪打下一针兴奋剂。2月1日，金溪乡（今金溪镇）龚云龙首起作乱，杀害5个与新政权接头的保甲长，陈殿邦（旧乡长）也在白土乡遥相呼应，杀害为新政权服务的保甲人员和人民群众，混进革命阵营的地痞孙鹏程（河口区副区长兼区干队队长）叛变，带区干队队员10余人直奔韩孝顺匪巢合伙为匪；2月初，米舫（旧乡长）带着乡丁公开叛乱，伏击栅山区政府（今城西街道册山居委），刘朝庆、李永吉（惯匪）攻占白石区公所（今白石乡）；2月6日，河口区金溪工作组在呼杨垭（今城南街道青坪居委）遭谢建安匪部大队长黄金凯部的伏击，工作组组长、河口区公所助理员商荣德等3人遇难；2月14日，全县土匪暴动，杨德滋、周正治、龚云龙等匪首率匪徒1300余人围攻县城，叫嚣"拿下县城过年"，直到20日解放军十五团三营抵黔，土匪才在抛下中队长汪国风等30余具尸体、被俘9人后连夜向五里、正谊、金溪方向逃窜。城内策划搞里应外合的曾纪刚、周孝先、李熙咸等9名特务也被及时抓捕归案。3月1日，杨德滋、周正治纠集匪徒500余人攻打河口区政府，十五团一营派出两个排反击，杨匪丢下颜姓中队长的尸首后，当晚向黔南方向的学堂坪仓皇逃窜，妄图与谢建安匪部会合后，再度围攻黔江城。匪首杨德滋首先在新建乡（今小南海镇新建村）成立乡政权。2～4月，全县三分之二的地区为土匪所控制，30余名干部群众遇害。严重的匪患，使新生的人民政权几乎处于瘫痪状态，职工不能上班，农民不能种田，学校不能上课（全县6所小学只有县城的1所200余学生上课，城内1所初中也只有近50名学生），粮食来源困难，税收面缩小，财政入不敷出，干部职工工资（津贴）无法正常下发。6月8日，栅山农民代表鲍吉成、张仲玉又遭匪徒杀害。

对此，中共黔江县委于1950年3月4日召开联席会议，研究成立县剿匪指挥部，开展铁拳荡寇行动，5月15日，成立由黔江县委、县政府、驻军及相关部门负责人组成的"黔江县剿匪委员会"，县委书记侯书堂任主任，十五团团长刘凤林任副主任，领导全县军民开展剿匪斗争。

　　1950 年 3 ~ 7 月，解放军九十五团从酉阳北上，围剿黔酉边区的石家河（今石家镇）、太极场（今太极乡）、白土（今白土乡）一带的土匪，迫使土匪纷纷逃窜，但九十五团一走，龚云龙、刘湘迪等股匪又纷纷杀回，加上彭水、石柱和湖北咸丰、利川等地驻军大规模剿匪，迫挤一些股匪进入黔江境内，特别是黔西北，土匪激增近 2000 人，白石、石会纷纷告急。为此，在川东军区、酉阳军分区的统一部署下，各县剿匪委员会密切配合，解放军川东军区十五团、九十五团、一〇七团、一〇八团、黔江警卫营和四野某部在黔江境内进行了几次大的清剿行动，肃清匪患。

　　初战学堂坪　1950 年 3 月 9 日，驻酉阳的解放军九十五团三营来到鹅池（时属酉阳县，今为黔江区鹅池镇），匪首陈铨（1950 年 11 月中旬在贵州被捉拿归案，1951 年在酉阳被处决）、谢建安联络杨德滋、周正治、龚云龙等纠集匪徒 1400 余人，包围解放军。3 月 11 日双方在鹅池学堂坪一带展开激战，打死土匪支队长吴鹏生等 200 余人、俘获 70 余人，九十五团首战告捷，受到川东军区和酉阳军分区的专电嘉奖。

　　追剿杨德滋　1950 年 3 月 25 日，杨德滋、唐举高带着 500 余匪徒从黑溪胜地坝出发，在土地垭与十五团三营遭遇，激战数小时，毙伤土匪 17 人、被俘 11 人，杨德滋率残部 350 余人逃窜至舟白五台坡，伙同湖北咸丰瞿伯平匪部共 800 余人，出没于黔（江）咸（丰）之间，攻陷咸丰的一个区政府，杀害区乡干部 40 余人。5 月 17 日，十五团一营营长胡振岐率部三面突袭黔北中坝场（今中塘乡）马长岭、木耳山一带，毙伤杨德滋、唐举高匪部土匪 14 人、生俘 4 人，缴获步枪 6 支、小口径炮 1 门，杨德滋窜向湖北大水坪。6 月 21 日，十五团一营、二营在马喇湖杉树村一带追剿杨德滋、童光祖、石保邦等匪部 500 余人，杨德滋退往灰千梁子（今马喇镇境内），童光祖（1953 年被捉拿归案）、周佩夫（1951 年土改中被群众追捕而投河自尽）潜逃，石保邦逃回酉东（后在酉东会剿中被打死）。7 月 17 日，杨德滋在五里乡苍坝沟约集湖北匪首田采臣部 600 余人，被解放军四野某部七支队击毙 80 余人，杨德滋潜逃酉东。10 月 29 日，匪首杨德滋在酉东酉酬乡土地坡被解放军一〇〇团发现后抓捕归案。

三打廖家湾 匪首刘湘迪家住白土乡挖泉村（今新华乡境内）廖家湾，建有高墙大院，修有明碉暗堡，地势险要，易守难攻，刘匪正欲凭此与解放军抗衡。1950 年 4 月 22 日，十五团政治部主任李胜辉率三营从河口场（今冯家街道）冒雨攻打廖家湾，激战一天，歼匪 20 余人后，主动撤回；5 月 15 日，十五团二营一个连在前往廖家湾途中在濯西乡（今濯水镇）柏果村双坑堡与张炯昌股匪遭遇，连长杨占山不幸牺牲；5 月 21 日，十五团政委张天惠率一营、三营部分连队与黔江警卫营一起，再次攻打廖家湾，由于匪首龚云龙、王伯勤等率部从外围接应，又遇匪支队长孙鹏程带领"神兵"冲击，解放军局部受创，撤出战斗。同时，在水车坪、老场坝（今水市乡）一带，十五团二营与匪首童光祖、郑友直、张炯昌等部 200 余人遭遇，由于童光祖、易太平两匪首互相有矛盾，发生内讧，不战而逃，张炯昌势孤难敌，奔窜三层岩，后经争取，张部全部缴械投降；6月6日，十五团、九十五团南北夹击刘湘迪，刘匪先觉逃遁（次年被擒枪决），部队就地驻剿10余日而还。

进剿芭蕉洞 芭蕉洞又名桃园洞，是渗坝乡院子村半山腰的一个天然洞穴，1950年2月，土匪钟志根全家住进洞里，6月9日，"自卫军"第七纵队司令陈铨的老婆、匪首张笑侬，其女儿陈德健、陈德华及匪首谢建安等在解放军的追剿下，也潜入此洞，这里成了几股残匪的据点，也成了解放军打开酉（阳）黔（江）彭（水）边界剿匪局面的焦点。7月10日，酉阳军分区司令员伍国仲、酉阳专区公安局局长吴非、两河区（今阿蓬江镇）指导员杨之凤率领地方部队和区干队与彭水驻军一〇七团一起直插芭蕉洞山顶，一〇七团组成了以一营二连连长田成等共产党员为骨干的60人突击队，以当地农民谢作孟、张全贵为向导，向芭蕉洞发起强攻，由于顽匪凭借天险抵抗，二连副指导员岳金元、排长郭爱、副排长何振轩等10人英勇牺牲，连长田成等10余人受伤，第一次进攻受挫。后解放军改变战术，在夜间一方面从山顶向下进攻，另一方面从下潜伏进击，但由于半夜天降大雨，山洪暴发，不少战士跌落山崖，造成重大牺牲。指挥部在总结两次进攻失利的教训后，决定军事打击与政治瓦解相结合。一方面派人从涪陵军分区调运火箭筒和无后坐力炮等重型武器，另一方面派两河区剿匪队长庞建之（原国民党的乡长，其姐是匪首钟聚财之妻）及一些匪属向洞内喊话，劝他们缴械投降。18日，解放军用

火炮轰炸芭蕉洞，钟志根的老婆田云菊首先带着一群婆娘儿
女出洞投降，随后，匪首谢建安、张笑侬、钟志根、钟聚财、
李泉之、艾相臣、刘克坚等也停止了抵抗。此役历时 10 天，
毙匪 30 余人、俘虏 50 余人，缴获长短枪 40 余支、机枪 5
挺、美式冲锋枪和卡宾枪各 4 支，缴获了大量粮食、药材和
金银。12 月 7 日，匪首张笑侬、谢建安、钟志根在公审后被
枪决。剿灭芭蕉洞之役，震撼了酉、黔、彭 3 县交界地区，3
天之内土匪大队长方养之，中队长张怀山、张四郁等 63 人投
案自首，交出长短枪 47 支、子弹 170 发，10 天之内就有 200
余人自首。

会战黔彭边　1950 年 7 月上旬，刘湘迪、周正治、陈殿
邦、龚云龙、米舫、庞建成等与彭水匪首刘学古、焦相宇、
曾伯涵（在黑溪冷竹箐受打击后逃窜到此）等股匪和孙鹏
程、李兴培的"神兵"汇聚在酉泡虎圈垭和彭水龙溪板坊
坪、张家溪一带，约有 3000 人之众，破坏公路涵洞及电话
线，杀害农民哨小队长，大肆进行骚扰，叫嚣"夺回酉秀黔
彭，西进重庆"，反动气焰十分嚣张。在酉阳军分区的统一
部署下，黔、彭两县剿匪委员会决定采取联合行动，调动十
五团、一〇七团和黔江警卫营，三路进击龙溪、张家溪一带
的土匪。十五团政治部主任李胜辉率一营、三营和炮兵连从
火石垭（今石家镇境内）、太极场出发，从东南面将土匪向
龙溪板坊坪挤压，黔江警卫营和石会区干队从两会坝出发，
取道沙坝从东北面配合夹击，同时驻彭水的一〇七团二营从
走马一带出发，分兵经张家溪、黄岭桥向板坊坪西北面进发，

约定于 7 月 21 日中午 12 时同时出击,从而爆发了剿匪以来最激烈的一战。由于不慎走漏消息,十五团一营的一个连在板坊坪遭 1000 余 "神兵" 伏击,他们高喊 "打不进、杀不进,一刀砍个白印印" 向解放军发起冲锋,扑入解放军阵地乱砍滥杀,连长丁玉露等 43 名解放军官兵壮烈牺牲。后续的两个连迅速占领两旁的制高点,又受到刘学古、焦相宇、庞建成匪部的阻击,约一个小时,曾伯涵又指挥王文林、李平安从万家山方向赶来参战,并派李果、汪裕昌匪部在黄岭桥打援,一时交战甚为激烈。一〇七团得知战斗打响后,立即分兵两路增援,击溃黄岭桥守匪,直插板坊坪西北进入战斗,五连指导员杨元忠、六连三排排长罗向川在激战中牺牲,尖刀排排长朱怀山腹部中弹后盘肠大战,流尽了最后一滴血。黔江警卫营一路赶到后,解放军从三面向土匪发起猛攻,土匪趁天黑突围。整个战斗,歼匪 200 余人、俘虏 100 余人,解放军也牺牲了 80 多人。战后,十五团参战部队撤回太极场。7 月 31 日,龚云龙、孙鹏程、刘学古等匪部 600 余人跟踪而至,妄图在太极场与十五团三营决战,解放军吸取板坊坪的教训,炮击 "神兵",土匪中队长谢云安及其匪众 20 余人当场毙命,"神兵" 见神话被打破,便争相逃命,向小南海方向窜去。龚云龙、刘湘迪、周正治、刘学古等又窜向白土、金溪一带。7 月下旬,在板坊坪围歼战后,十五团、一〇七团各一部,合围长岭池山腰的山王洞,生擒匪首陈殿邦、陈桂爵、陈志祥、焦崇益等。7 月 31 日,孙鹏程的 "联英会" 在金鸡坝被击毙 20 余人、伤数十人,龚云龙、周正治、

米舫带着残部近 1000 人经金山盖，过八面山，逃向小南海板
凳岩。8 月初，四野便衣队突袭板凳岩匪众，龚云龙、周正
治等 3 人逃往平溪附近的汉王洞躲藏，出洞后先后被剿匪部
队捕获（9 月 12 日，龚云龙在金溪乡木根村吴家岩被十五团
一营捕获；10 月 2 日，周正治在马喇湖周家坡被十五团二营
捉拿归案）。

　　清剿黔西北　1950 年 2 月 26 日，黔江警卫营将横行黔西
北的大恶霸、匪首李德安捉拿归案；3 月 25 日，解放军四野
某部一个排在白石乡明家坡一带与张纯德、李永吉、李绍德
等 80 余匪众激战，打死土匪陶绍山，其余匪徒落荒而逃；5
月初，四野某部追击刘朝庆、李绍德、李永吉等股匪 200 余
人，激战中解放军班长李绍武牺牲；6 月 22 日，黑溪乡匪首
向迪光部被黔江警卫营在石堡村杉木根包围，向迪光被当场
击毙，俘虏土匪 17 人，缴获步枪 6 支；7 月 21 日，四野某部
和驻石柱的一〇八团、黔江警卫营、彭水警卫营在黑溪、白
石与彭水交界处的冷竹菁联合围剿曾伯涵（彭水郁山土匪）、
张纯德、周方坪、陈文平、马祥明（由石柱窜来）匪部 900
余人；8 月，十五团与湖北咸丰、利川两县剿匪部队配合，
对五里和召南、酸毛、黎大（今黎水、黄溪、白石境内）等
乡土匪进行清剿。

　　1950 年 12 月 8 日，黔江各区分别召开剿匪斗争胜利祝捷
大会。至此，全县剿匪中打死打伤和俘获的土匪共有 900 余
人，投诚的土匪有 4000 余人，匪首大多落网法办，剿匪战斗
胜利结束。

区域自治

1982年4~7月，黔江县开展民族成分普查和恢复工作。4月16日至5月1日，全县抽调12名干部在金洞乡试点，随后民族成分普查、恢复工作在全县积极而慎重地铺开。7月，经过个人申报、群众公认、组织审定、张榜公示等程序，得出全县少数民族人口占总人口37.7%的结论，其中，土家族占30.5%、苗族占7.2%。8月17日，黔江县依据这一普查结果，向四川省呈送了要求成立少数民族自治县的报告，四川省转报国务院审批。1983年11月14日，国务院根据民族区域自治的相关规定，批准设立"黔江土家族苗族自治县"。经过一年的筹备，1984年11月13日，黔江土家族苗族自治县在县城民族广场正式宣告成立。当天，举行了盛大的成立大会，中央顾问委员会委员天宝，四川省委副书记冯元蔚，省人大常委会副主任刘海泉、扎西泽仁，省政府顾问管学思，省政协副主席杨代蒂，省军区顾问李德友，国家民委文化司司长贾春光等领

黔江土家族苗族自治县成立大会

导和黔江数万名群众参加庆祝大会，会上表演了风味浓郁的摆手舞、铜铃舞、板凳舞等民族舞蹈。

扶贫攻坚

1983～1984 年，黔江、酉阳、秀山、彭水、石柱先后成立自治县，落实民族政策待遇，迎来大发展的机遇，却遭受了"不三不四"① 的尴尬。但 5 自治县的设立，为酉、秀、黔、彭、石 5 县从涪陵地区析置出来，设立黔江地区，实施分类指导、打捆扶贫创造了初步条件。

黔江、酉阳、秀山、彭水、石柱 5 个少数民族自治县，介于四川盆地盆周山区和云贵高原结合部，幅员 16942 平方公里，有 20 多个少数民族，占总人口的 68.8%，属四川省涪陵地区管辖，是全国 18 个集中连片的贫困地区之一。

这几个县解放前十分封闭、落后，被统治者蔑称为"蛮夷之地"，有"养儿不用教，酉秀黔彭走一遭"之说。解放后，广大农村仍是刀耕火种、广种薄收、自给自足的粗放经营，农民处于赤贫状态，直到 20 世纪 80 年代中叶仍旧是发展极不均衡，大多数人处于贫困线以下。且各县政府所在地距省会成都均在 1000 公里以上，最远的秀山达到 1200 公里，交通线几乎只有路窄、弯急、坡陡的 G319 线，客车单程 4 天、小车 3 天，四川对于这一地区，"虽鞭之长，莫及马腹"。

1984 年 7 月 31 日至 8 月 3 日，四川省在秀山召开盆周山

---

① "不三不四"是指 1984 年国家因修建三峡工程拟建"三峡省"的动议。三峡库区所涉各县均抽调人员到湖北宜昌开展筹建工作，结果是与四川省脱了钩，三峡省流产，成了两不管的真空地带。

区经济工作会议（即全省第一次扶贫工作会议），提出分类指导的扶贫开发思路，落实一系列支援民族贫困地区发展的优惠政策。同时，四川省委根据 8 月 18 日省委书记杨汝岱提交的《关于涪达万山区调查和开发山区经济座谈会情况的报告》、9 月中共中央国务院《关于帮助贫困地区尽快改变面貌的通知》，组建酉、秀、黔、彭 4 县工作组，负责 4 县经济协调和综合指导工作，开启了对这一地区有组织、有计划、有重点的扶贫工作。

1985 年中央农村工作会议期间，中央领导和参会的省委书记观看了水利部副部长李伯宁取材于渝东南和三峡库区的专题片——《穷山在呼唤》：渝东南地区，总人口 260 万，建卡贫困人口 194 万，人均占有粮食 229 公斤、纯收入不足 150 元，4 万人住岩洞或窝棚，60 余万人患地方病，105 万人、280.7 万头牲畜饮水困难，5 万余儿童流落校园外，除黔江外，其余 4 县人均财政收入不足 20 元，10.5% 的乡镇、64% 的村不通公路，20% 的乡镇、68% 的村不通电，80% 的农户用不上电，文（半）盲人口占 30%，这块曾经养育过赵世炎、万涛、刘仁等老一辈无产阶级革命家、曾经是川黔湘鄂革命根据地的"红土地""公路犹如鸡肠带，电话没有走路快，电报要用汽车载"，与全国改革开放的大好形势迥乎不同，曾经战斗在这片土地上的原红六军团政委、时任党中央副主席的王震更是看得潸然泪下。也正是这部片子，使四川打捆扶贫思路上升为国家战略。1986 年，5 自治县被纳入国家重点贫困县予以扶持。

1988 年 5 月 18 日，国务院批准 5 自治县从涪陵地区分离出来单独设立黔江地区，11 月 11 日，四川省黔江地区在黔江自治县民族广场正式挂牌成立，四川省委常委、副省长谢世杰，副省长罗通达，省政协副主席刘纯夫，涪陵地委书记黄森荣，黔江地委书记陈官权，黔江地区行署专员牟绪珩等出席了仪式，从此开启了打捆扶贫的新时代。1994 年，5 自治县又被列入"八七"扶贫攻坚重点县，7 月，四川省委、省政府在黔江自治县召开第 10 次扶贫开发工作会议，黔江地委、行署根据会议精神，制订并发布了《1994～2000 年脱贫奔小康纲要》。1996 年 5 月 6～14 日，国务委员、国务院扶贫开发领导小组组长陈俊生率领国务院 10 个部门对黔江地区的扶贫开发工作进行考察调研，他盛赞黔江地区为西南片区"一枝独秀"，总结出"兴黔之举在于苦干"，由此升华为"宁愿苦干，不愿苦熬"的"黔江精神"。正是这种精神的激励，到 1997 年，5 自治县实现成建制脱贫。

构建中心

1996 年 9 月 15 日，四川省委托重庆市代管黔江地区，1997 年 3 月 14 日，国家批准设立重庆直辖市，黔江地区被正式纳入重庆市版图。重庆的跃升为直辖市和黔江地区的扶贫开发成就，使得黔江地区的历史使命圆满结束，1998 年 6 月 18 日撤销黔江地区，设立重庆市黔江开发区，代管原黔江地区 5 自治县。经过 3 年的过渡，实现平稳着陆，2000 年 6 月，撤销黔江开发区、黔江自治县，设立黔江区，与其他 4 自治县一起，直接隶属于重庆市。

重庆市黔江区揭幕挂牌大会

　　黔江开发区虽然被撤销，但黔江地区、开发区积淀下来的区位、经济实力、片区管理、人才资源、基础设施、城市建设等优势仍然十分突出，中共重庆市委、市政府在政策、项目、资金和人才等方面仍给予特殊关照和支持。2002年市委二届二次全委会把黔江定位为"渝东南经济中心、区域性中心城市"。11月，区委一届五次全委会作出《关于以一枢纽六中心为载体，加快建设渝东南经济中心的决定》，来推动这一战略。2009年2月5日，国务院下发《关于加强重庆城乡统筹发展若干问题的意见》，把黔江作为"渝东南区域中心"的构想上升为国家战略，2010年12月21日，中共重庆市委、市政府为黔江量身订制了《关于加快把黔江建成渝东南地区中心城市的决定》，来推动这一战略的实现。2013年9月，市委四届三次全会通过的《关于科学划分功能区域、加快建设五大功能区的意见》，仍然把地处生态保护发展区的"黔江作为重点开发区加快建设，按中等城市规模完善功能配套，依托正阳工业园区发展适宜产业，承接周边地区人口转移，建成渝东南中心城市和武陵山区重要经济中心"。

而今，一个东起阿蓬江、西至册山河，城市建成区面积26平方公里、人口24.5万的"绿色、低碳、生态、宜居"的高品质综合性中心城市已掀起了它美丽的面纱。

2 风流人物

清　苗族，因其夫家为怀姓，又名怀清，秦巴郡东南（今渝东南）人①，生卒、籍贯不详，秦朝著名女实业家。

怀氏为楚国旺族，今渝东南地区为巴楚交融之地，怀氏祖先在这一带发现了水银（汞）矿藏，利用已经掌握的汞矿开采、提炼技术，数世独家经营，成为商业世家。

清的祖先为濮人部落，后被巴人入侵征服，成为巴人的第一旺族。清嫁与怀氏后，丹砂生意仍如日中天，不幸清的丈夫英年早逝，家族和事业的重担落在了清的肩上。

———————

① 司马迁《史记·货殖列传》载："巴蜀寡妇清，其先得丹穴，而擅其利数世，家亦不訾。清，寡妇也，能守其业，用财自卫，不见侵犯。秦皇帝以为贞妇而客之，为筑女怀清台。"《逸周书·王会解》说"卜人以丹砂"，即濮人向周王朝进贡的方物为丹砂，晋人孔晁在解释这句话时说"卜人，南西之蛮"。由此可知，清的祖先为濮人部落，后被巴人入侵征服，成为巴人的第一旺族，故认定清为苗族。《华阳国志》（刘琳校注）："丹兴……与我国著名的汞矿产地贵州铜仁地区相接，故亦产丹砂。《史记·货殖列传》载秦始皇时巴有寡妇名清，其先得丹穴，成为累世富翁，盖即这一带所产。"

　　清在中年丧偶的情况下，毅然挑起家族和事业的重担。她利用已有的财富，保护和发展了怀氏家族实业，把丹砂开采业和贸易搞得红红火火，到秦始皇执政时期，怀氏成为富可敌国的富商巨贾，史书载"巴妇清家族仆人上千，徒附和私人保镖上万"。清乐善好施，把自己的家财散给四方百姓，周济苍生，爱护黎民，深得民心。清还为富不忘国家，她拿出钱财，资助秦始皇修筑万里长城，维护国家统一。秦始皇得知后，认为一区区巴郡南部边区的寡妇，能有盖世作为，其拓业精神可敬，贞节德行可嘉，遂下诏请她到咸阳，以上宾之礼相待。由于清年事已高，再加上舟车劳顿、不服水土，不幸客死咸阳，秦始皇又下旨为她在今渝东南选址筑台以资表彰和纪念，后人称为"怀清台"。司马迁高度评价道："夫俸鄙人牧长，清穷乡寡妇，礼抗万乘，名显天下，岂非以富耶？"明末诗人金俊明也称赞道："丹穴传赀世莫争，用财卫国能守贞。龙祖势力倾天下，犹筑高台怀妇清。"《古今中外女名人词典》称她是"古代最早的女矿冶家"，史学界则称她是"中国最早的女实业家""丹矿业专家"或"中国最早的女商业主"。

　　范长生（218～318）　土家族，名延久、重久，字元，别号蜀才，东汉献帝建安二十三年（218）出生于涪陵郡丹兴县（今重庆市黔江区），东晋成汉丞相。①

　　西晋齐王正始九年（248，即蜀后主延熙十一年），蜀国

----

① 《华阳国志》云："范氏，李雄丞相范长生，涪陵丹兴人，当即诸葛亮此次迁于蜀者。范氏当亦为板楯蛮，与李雄为同族。可见涪陵亦为板楯蛮所在区。"

涪陵少数民族首领徐巨起义，诸葛亮令车骑将军、江州（今重庆）都督邓芝率兵镇压，嘉平二年（250），邓芝将徐、兰、谢、范四姓豪族近5000家迁往成都地区，以削弱当地少数民族的势力，范长生及年幼的儿子范贲被移居青城山，他迁居青城山后，穴居野处，求道养志，创建"天师道"。他广招门徒，传道授法，势力越来越大，涪陵移民均附其麾下。李特、李雄流民起义后，战事纷起，蜀中大乱，蜀人皆结坞自保，或南入宁州，或东下荆楚，城邑皆空，野无炊烟，唯涪陵民千余家在江西（岷江干流金马河以西）依靠范长生的声望和势力结坞自守，平安无事。就连著名的史志家、《华阳国志》的编著者常璩也因"当时年幼家贫，未能远徙，随家附青城山范长生以自存"。

西晋惠帝元康八年（298），绵竹赟人李特、李雄率流民起义，被困郫县，范长生及时资助粮秣，义军转败为胜，晋惠帝太安二年（303），义军攻克成都，国号大成，年号建初。永兴二年（305），李雄迎范长生为丞相，拜为四时八节天地太师，封西山侯，称范贤，东晋元帝大兴元年（318）卒，享年百岁，蜀人十分敬重他，在青城山立庙祭祀，奉之为长生大帝。

范长生任丞相13年，辅政期间，宽政和役，轻徭薄赋，立官学、兴文教以端风化，出现道不拾遗、夜不闭户、刑不滥及、狱无滞囚的太平景象。由于百姓富足、国库充实、社会秩序稳定，中原百姓到蜀中避难就食者络绎不绝，天水、武都奉贡称臣，关中附者也日益而至。范长生还博学多艺，尤善书法，工诗书，著有《蜀才易注》（十卷）。清光绪十九年（1893），黔江知县张九章撰写《范贤传》辑入《黔江县志》，并在县城西门修建"范公祠"。1993 年 8 月，范长生被收录入《中国土家族历史人物》。

范贲（？～349）　土家族，三国蜀汉丹兴县人，范长生之子，东晋成汉丞相、末代皇帝，是黔江历史上唯一做过皇帝的人，与其父亲范长生是黔江历史上仅有的两个载入"二十五史"的人物①。

嘉平二年（250），年幼的范贲随父范长生被诸葛亮移民青城山定居，50 余年中，范贲一直在范长生道家思想的熏陶教育下成长。范长生任大成丞相后，范贲也凭着自己的才干入朝任职，官至侍中，范长生辞世后，范贲继任丞相长达 29 年。

晋穆帝永和三年（347）正月乙卯，桓温率领东晋大军伐蜀，成汉军队一触即溃，东晋军队三月便攻占了成都，成汉皇帝李势弃城而逃，至葭萌（今四川广元境）遣使臣向桓温请降，被挟往东晋京师建康（今南京），封归义侯。七月，成汉将领邓定、隗文等拥立丞相范贲为皇帝，继续与东晋王朝对抗。范贲称帝后，利用蜀人排晋反晋情绪，继续招集成汉旧部和蜀中反晋力量，壮大抗晋队伍。一时间，成汉旧部纷纷起

---

① 《晋书·穆帝纪》：永和"三年（347）春正月乙卯，桓温攻成都，克之，丁亥，李势降，益州平"，"四月，蜀人邓定、隗文（狄族）举兵反，桓温又击破之……丁巳，邓定、隗文复入据成都，征虏将军杨谦弃涪城退保德阳……七月，隗文立范贲为帝"，"五年（349）……四月，益州刺使周抚、龙骧将军朱焘击范贲，获之，益州平"。

兵，归附于范贲，精锐兵勇达到万余人。永和四年（348）十二月，振威将军肖敬文斩杀晋征虏将军杨谦占据涪城（今四川绵阳），断晋军北道，进而攻取巴西，直通汉中，打败桓温增派的督护邓遐与周抚的军队，桓温又派梁州刺史司马勋率军会同周抚共同进剿，仍攻不下涪城。永和五年（349）四月，桓温派遣益州刺史周抚、龙骧将军朱焘，率重兵联合攻击范贲，攻破成都，范贲战败被俘殉难。永和八年（352）八月，涪城破，肖敬文被周抚斩杀。

秦世璋 字子明，北宋时黔江县人，生卒年不详，左藏库副使，东南第八将。①

秦世璋，少小即喜攻伐，且性格豪放，意志刚强，惯弄刀枪，练就了一身好武艺。唐天宝年间，贵州牂牁苗裔赵国琛任黔州都督府都督，赠太子太傅，以平乱声威显赫于黔州，五溪之地十余年封境无虞，久负盛名。秦世璋尝以赵国琛为榜样，立志保境安民。长大成人后，他毅然从戎，征战南北，作战勇猛，累建军功，遂被擢为东南第八将，驻守长沙。

秦世璋治军严明，热爱部属，故里子弟多有随征。累年间

---

① 咸丰《黔江县志》载："山谷题跋：'黔人秦子明，魁梧喜伐，其自许不肯出赵国琛下，不可谓黔中无奇士也。子明常以里中儿不能书为病，其将兵于长沙也，买石摹刻长沙僧《宝月古法帖》十卷，谋舟载入黔中，壁之黔江之绍圣院，将以惊动里中子弟耳目，他日有书显者，盖自我发之。予观子明欲变里中之俗，其意甚美，书字盖其小小者耳。'子明名世璋，今为左藏库副使，东南第八将。绍圣院者，子明以军功请于朝，为阵亡战士追福所做佛祠也。"历史上没有留下更多的有关秦世璋的记载，黄庭坚（号山谷道人）被贬谪黔州后，为他写下了这段话。

许多人壮烈牺牲，秦世璋痛念于怀，至绍圣年间（1094～1097），他上表朝廷，请求在黔江城修建"绍圣院"，表彰沙场阵亡将士并享祀英灵。他的请求得到朝廷恩准。

秦世璋虽然长期远离家乡，但十分热爱故乡。他觉得家乡因循守旧轻文尚武的习俗褊狭，应当改革。在长沙领兵时，见僧人宝月的书法甚妙，遂出巨资置石料，雕刻摹制《宝月古法帖》十卷，然后车载马驮，辗转运回故里，置于黔江城的绍圣院内，希望借此促进乡梓文化发展。他曾对人说："他日能有书显者，盖自我发之。"

秦世璋因军功卓著，后迁任左藏库副使，署理宋王朝的赋贡收支并掌管王室公卿所需的纱罗布绢等物。在任中，他掌职丝毫不爽，为官清正廉洁。

温朝钟（1878～1911）　土家族，黔江区小南海镇大路居委人，字静澄，号果斋，别名而厉，自号恍惚道人，化名孔保华，中国同盟会成员，黔江铁血英雄会创始人，庚戌起义烈士。

温朝钟自幼好学，天赋聪慧，博览诗书，清光绪三十年（1904）中秀才。他还承袭祖传医术，救死扶伤，赈贫济困，人称"温神仙"。光绪三十二年（1906），温朝钟随老师王国珍（字云笠）到成都通省师范学堂求学，更名温而厉，他广游省城，遍访志士，得识吴玉章（字永珊）等人。次年，温朝钟、谈国材等经程昌祺（1881～1941，号芝轩）、杨霖介绍加入中国同盟会，之后受同盟会派遣回黔宣传革命，他游历于渝鄂之间，"探山川之要隘，访草泽之英雄"，聚集革命力量。

到汉口新军学造炸弹，学习击剑，练就了一身过硬的本领。在岳叔黄玉山（湖北人）家与挚友王克明、董兰廷、谈茂林等组建"风俗改良会"，并以王克明、裴从之、王云笠、向美田、徐国佐、温梦久、黄玉山、黄海山等18名黔咸两地骨干为核心，在小南海朝阳寺组建铁血英雄会，以同盟会的"驱逐鞑虏，恢复中华，创立民国，平均地权"为行动纲领，黔江、咸丰、利川、酉阳、彭水等地入会者达万余人，并在大路坝、李家营等地设立秘密联络点，之后更名"川鄂湘黔铁血英雄会"，提出"义联英俊，协和万邦，推翻满清，打倒列强，复兴中华，实行共和"的政治纲领，准备起义。清廷得知后，急令施鹤道张榜通缉温朝钟，温朝钟迫于形势，化名孔保华潜赴江津、永川等地。

1910（庚戌）年12月，温朝钟率铁血英雄会在黔彭交界的凤池山誓师起义，温朝钟任义军司令总长，王克明为司令次长，黄玉山为后勤总长。1911年1月8日晚，义军2000余人攻占黔江城，县令王炽昌逃走。1月10日，义军撤至两汇坝整编，12日第二次攻占黔江城未果，16日撤抵湖北咸丰破水坪，夜宿飞龙山飞龙寺。清军5000多人分进合围，温朝钟在突围时牺牲，年仅32岁。

辛亥革命后，民国成立，温朝钟、王克明、黄玉山被追认为烈士，在小南海朝阳寺右侧和县城范公祠内建立"烈士祠"，供奉"武昌开国公第一元勋铁面诸侯温公静澄之香位"等牌位。

王杨氏（1893～1933） 土家族，黔江区小南海镇方山村荆竹盖筲箕湾人。庚戌起义烈士王克明遗孀，黔江辛亥起义领导人之一。

杨氏通晓诗书，崇尚侠义，与后坝增生王克明订下婚约。1906～1910年，王克明协助中国同盟会会员温朝钟组织秘密反清革命团体风俗改良会，被推为副会长，并成为其核心组织铁血英雄会的骨干成员。1911年1月3日，是王、杨成亲的大喜日子，但就在这一天，铁血英雄会因温朝钟的族叔温百川告密在凤池山提前起义，当杨氏的花轿进入温家后，她才知道王克明早已带侄儿王建邦等星夜前往凤池山，组织领导起义的大事去了。杨氏深知军情如火，她毅然脱下喜服，奔往凤池山，与义军副总司令王克明一道研究敌情，上阵厮杀，成为他的参谋和助手。起义失败后，杨氏协助王克明指挥部属分散潜匿，以图东山再起。不幸的是，王克明被王明堂抓捕，惨遭剖腹挖心之刑，杨氏悲痛万分，便隐居乡里，誓不改嫁，隐忍待机。

辛亥革命后，潜匿在外的谈国材、王建邦等相继赶回黔江。杨氏、王建邦召集"庚戌起义"余部100多人，以国民革命军名义，声言攻打黔江县城，捕杀谋害王克明的刽子手、团总王可臣，并写信敦促谈国材等人迅速起事。谈国材等邀约士绅宁成衡等100余人进城，召集士兵开会，发表演说，激励兵变。1911年11月13日，农历辛亥年九月二十三日，王杨氏、谈国材、王建邦、彭阜成合兵一处，推举曾任贵州石阡知县的彭阜成为义军司令，举行第二次起义，进占黔江城，赶走知县王良鼎，成立黔江军政府，宣告黔江独立。辛亥革命成功后，黔江军政府设立了秘书处、团练局、征收局、教育会等机构，凡起义骨干成员，均委以重任。杨氏急流勇退，回归故里，在对王克明的追思中，于1933年去世，享年40岁。

陈景星（1841~1916） 又名其楠，字云五，号笑山，黔江县石钟乡朱家岩（今黔江区白土乡石钟村）人，晚清进士，著名土家族诗人。

陈景星之父陈正远是西阳州衙小吏，原住西阳王家寨，清嘉庆甲子年（1804）迁居朱家岩，自幼随父在西阳直隶州任上，就读于著名塾师冯世瀛（又名壶川）先生馆内。年轻时的陈景星不畏权势，刚直坦率，喜怒皆溢于言表，又因当时官场腐败，屡试不第，便赋诗遣怀，其"危言危行"，不仅影响了他的前程，也使家人遭受厄运，被迫举家迁到贵州省石阡县落籍。从此，陈景星浪迹江湖，寄情山水，随兴赋诗，以抒情怀。

中法战争爆发后，陈景星投笔从戎，奔赴边疆，投奔冯子才帐下、辗转于军旅之间，在途中他写下《喜闻官军收复谅山》等5首有关战争的诗。

几经曲折，陈景星回头再走登科入仕之路。光绪八年（1882）三试中举，光绪二十二年（1896）55岁时中进士，晚年始入仕途，赴齐鲁赈灾，历10余年，1889~1890年，陈景星任文登县令时，英国人强占威海，引起公愤，万人聚集，阻挠关道，而上司"李希杰依违其间"。陈景星据理力争，触怒李希杰，遂被免职。事后陈景星调任南山知县。1904年调任日照知县，因惠政于民，"邻邑营盗数抢劫，经平相，戒不入照境"，遂升任济南知府。陈景星仕途坎坷，命运多舛，儿子早逝，68 岁时孤孙绳武又病死于济南，71 岁时全家 18 人已先后死去 11 人，故晚年寓居上海，暮年孤影，怏怏不乐，1916 年抑郁而终。

陈景星生平诗作很多，共有近千首，今存 700 多首，主要有《壮游集》《磨铁集》《田居集》《尘英集》《耄游集》《宾沪集》《山房诗草》《悬崖积卷》等，后统一集成《叠岫楼诗草》。其中《壮游集》《悬崖积卷》《山房诗草》等，于光绪二年由冯壶川收入《二酉英华集》，后经删定，载入《蜀诗所见集》。他生活在朝廷腐败、"洋人"横行的晚清，深感国破家亡，世态炎凉，因而写下了许多爱国恤民、忧时感事的诗章。《壮游集》中《悯旱三首》《大水行》《中秋日雨》等是表现水旱天灾给人民带来痛苦的歌行，赴滇粤途中的《黄平行》揭露了晚清社会的黑暗，并寄予劳动人民无限的同情。71 岁时写的《津门集》痛斥清廷腐败、"洋人"横行，辛亥革命时写的《感事十四首》热情赞颂"气压城头浪，雄师镇武昌"的壮举。陈景星远离家乡，常年在外，乡情甚浓，《柳州送春》《正月二十日由羊城五更放舟天明至佛山镇》等诗作透露了他的思归之情。由于阶级和时代的局限，陈景星的诗及其思想也有不少忠君、怨天等封建糟粕，但瑕不掩瑜，他无愧为土家族的著名诗人，其诗作不失为土家族文学宝库中的瑰宝，冯壶川先生称其诗"盈篇皆珠玉"。

万涛（1904～1932） 原名万诗楷，字铁民，化名王德。土家族，1904 年 1 月 20 日出生于黔江县正谊乡（今黔江区冯家街道桂花居委），湘鄂西革命武装和根据地的创建人之一，红三军政治委员，革命烈士。

万涛幼时求学于私塾，勤读诗书。1920～1923年就读于县立高等小学堂。1923年4月，与濯河坝三门滩冉启秀结婚，7月考入重庆川东师范。在重庆求学期间，他协助张锡畴积极从事学运活动，1924年加入社会主义青年团，1926年初加入中国共产党，改名万涛，随后去上海党的中央机关从事革命活动，在周恩来的直接领导下工作。党的"八七"会议后，万涛以中央巡视员身份，到湖北指导农民运动，在华容指导反"清乡"斗争中，不幸被捕，1928年冬，经党组织营救获释，并与周逸群、段德昌等继续在鄂西坚持革命斗争。

1929年3月，万涛在鄂西党的第一次代表大会上当选为鄂西特委副书记，成为周逸群的得力助手和亲密战友。1931年3月，湘鄂西中央分局成立，万涛任分局军委委员、湘鄂西临时省委常委和省革命军事委员会主席团委员。"王明路线"的代言人夏曦（长征中贵州毕节溺水身亡）到苏区后，担任湘鄂西中央分局书记、军委主席团主席，全盘否定苏区建设，攻击周逸群、万涛领导的洪湖苏区是"右派保守主义""富农路线"等，撤销了周、万的职务，但他们仍忍辱负重，坚持工作。5月，周逸群牺牲后，万涛肩负军、地重担，努力发展和巩固根据地，支援红三军、红四军转战湘鄂边区，粉碎国民党的"围剿"。在鄂西党的二次代表大会上，万涛主持起草了《关于农民问题决议案》，推动湘鄂西革命根据地的土地革命。6月，湘鄂西临时省委成立，万涛当选为省委常委，相继兼任组织部部长、宣传部部长。不久，红三军与九师召开团以上干部参加的前委扩大会议，清算李立三的"左"倾错误，会议改组红三军前委，万涛任前委书记兼红三军政委。10月，夏曦以"怕艰苦困难和不服从领导"为由，撤销了万涛红三军政委的职务，改任湘鄂西临时省委宣传部部长。在此期间，万涛不计个人得失，一面积极工作，一面在《洪湖日报》上撰文批评"左"倾冒险错误。1932年5月，在洪湖苏区第四次反围剿之际，夏曦悍然发动湘鄂西苏区的"肃反"运动，8月31日，年仅28岁的万涛在肃反扩大化中，被扣上"托派""反革命高等坐探""改组派首领"的帽子，被错杀于洪湖瞿家湾青龙坑。

"洪湖含悲唱挽歌，荆江挥泪祭英灵"。1957年12月国务院拟定湘鄂西革命烈士纪念碑碑文，万涛名列其上。1983年9月14日，万涛遗孀冉启秀献出了她珍藏60年的万涛的照片，为在洪湖落成的"湘鄂西苏区革命烈士纪念馆"和党史典籍中填补了"万涛遗像"的空白。1984年9月，中华人民共和国民政部颁发了万涛同志的革命烈士证明书，数十载沉冤终于得以昭雪。

龚昌荣（1903～1935） 苗族，1903年出生于黔江区小南海镇新建村，黔江红军游击大队大队长，革命烈士。

龚昌荣曾读过三年私塾，后因母亲病故、父亲身负重债而辍学。他年少时尤喜爬山打猎，练得一手好枪法，能与猎狗赛跑。民国年间，龚昌荣三次被当地土匪抓做人质，勒索钱财，使他家债台高筑，度日艰难。1927年，龚昌荣从鄂西请来

"神兵"首领乾善统到板夹溪、大路坝、中坝、两会坝、栅山、西泡等地立"神坛",他自任"代教","神坛"奉行"灭兵、灭捐、灭税"和"禁烟、禁酒、禁色、禁盗"的"三灭""四禁"宗旨,黔江"神坛"立坛6年,打土豪、抗租抗税减息,矛头直指地主豪绅和官府。

1928年11月24日,贺龙带领工农红军第四军91人、72杆枪,从鹤峰梅坪出发,经过宣恩沙道沟、高罗、李家河、卧犀坪,于11月29日到达晓关,沿途宣讲革命道理,并在李家河打击了土豪劣绅。晓关"神兵"首领乾善统闻讯赶到晓关街上,要求参加红军,受到了贺龙的接见。次日,贺龙在晓关禹王宫举行收编大会,将乾善统的40余名"神兵"改编为宣恩红军游击大队,任命乾善统为大队长。乾善统迅速与龚昌荣互通信息,结成联盟,打击渝鄂两地的土豪劣绅,龚昌荣、乾善统联合13坛神兵,在黔咸交界处的大路坝望岩寺伏击川军郭汝栋部杨旅,击毙200余人、缴枪200余支。之后,"神兵"在一个月内连续三次出击,打垮了拥有300余人的当地土豪范海清匪部,接着又狠狠打击了境内其他的地主武装,使得官府惊恐万状,忙以"羁縻"政策收买龚昌荣,任命他为黔彭接壤门户团练办事处处长。龚昌荣将计就计,在黔、彭两县大力发展"神兵"(后改称"联英会")。1931年,龚昌荣、余海川等率联英会数千人,攻占黔江县城,突破城墙,冲进县府捕杀官吏,斩杀司法及公差二人,城内居民沿街设坛,遍地罗拜,长达3日之久。1932年2月16日,川军二十军石兆翼团、周化成保安团和黔江部分民团围剿联英会,联英会被打散,龚昌荣被通缉。

由于黔江联英会成分复杂，迷信色彩过浓，终归受到封建统治阶级的分化、瓦解和打击，龚昌荣也感到前途渺茫，对联英会失去了信心，不得不一面率妻儿老小隐匿鸡公山中，希图东山再起，一面派出人员，与宣恩乾善统联系，寻找出路。

1933 年 8 月，龚昌荣接到乾善统的来信，得知贺龙领导的红军再次来到宣恩，希望他前去共商大事。龚昌荣在乾善统的引荐下拜见了贺龙，贺龙询问了黔江联英会的情况，并向龚昌荣讲述革命道理，龚昌荣豁然开朗，激动不已，当即要求参加红军，并表示回黔召集联英会参加红军，跟着共产党走。贺龙当即表示欢迎。龚昌荣拜别贺龙后，连夜返回黔江，召集董德轩、王贵林、费俊良、侯汉清、周绍荣、张道林、赵美碧、龚武臣、王炳轩、王二狗、向志军、罗玉龙等 30 余名联英会骨干，经咸丰活龙坪抵利川沙溪参加了红军，与建始县黄丁山的"神兵"合编为红三军第二特科大队，龚昌荣任大队长，黄丁山任副大队长，红三军一团干部冯义发任政委（后任鄂川边工委书记）。经过与鄂军徐源泉部白果坝、七里槽等战斗的洗礼，特科大队很快成为一支有组织、有纪律，能征善战的红军队伍。

1933 年 12 月 22 日，根据湘鄂西中央分局咸丰大村会议"创造川黔湘鄂新苏区"的决议，龚昌荣、黄丁山率特科二大队同红七师二十一团为前锋，从活龙坪出发，奔袭 120 里，首战大路坝，再取中坝，继占黔城，三战三捷，共歼敌 600 余人、缴枪400余支。次日龚昌荣率领第二特科大队抵香山寺扫荡残敌，并在那里打开国民党的粮仓，将1万多斤粮食分给当地贫苦农民。

1934年4月，湘鄂西中央分局在湖北利川县十字路召开会议，会议决定第二特科大队改称"黔江红军游击大队"，龚昌荣任大队长，与红三军主力分开活动，迂回运动到黔江西北部地区，策应红三军主力进攻彭水。龚昌荣带着游击大队回到黔江中坝、石会、栅山、西泡、白石、酸毛、黎大等乡开展游击斗争，狠狠打击民愤极大又与游击队为敌的政治性土豪劣绅，打击了中坝刘伯斋，石会向桂清、庞继厚等几家大土豪，得到广大民众拥护，穷人子弟纷纷加入游击队，队伍很快发展到近200人。

1935年5月，刘湘命令第五师四十二团团长李敬舆部、黔江团防共1000余人，在石会、沙坝一带向红军游击大队发动"围剿"。龚昌荣、侯汉清等英勇沉着指挥部队，打退敌军的多次进攻，歼灭敌军40多人，但终因众寡悬殊，龚昌荣也在黄泥垭激战中左腿中弹而不得不撤出战斗，连夜转移到八面山。侯汉清则率领70多名队员向鄂川边红军独立团靠拢。

当时，游击队缺医少药，龚昌荣负伤后，只得用生麝香塞在伤口处止痛，由队员背到八面山一个山洞疗养，后由农民管兴和背着他躲到鸡公山，由于长期得不到医治，以致伤口感染化脓，不能行走。而黔江县国民党当局则四处张贴布告，分别悬赏大洋一千和三百，捉拿龚昌荣和他儿子龚佩荣。龚昌荣在鸡公山躲避了一段时间，又转移到乌鸡坪（今后坝新建村）的岩洞。其姐夫郭焕章（甲长）前去探望，说军队和民团要来搜山，要龚昌荣去鸡泡寨（今新建村5组）躲藏。8月28日，川军和民团1000多人赶到鸡泡寨搜山，管兴和背着龚昌荣，带上9岁的龚佩荣转移，碰到团丁任屠夫，任屠夫十分敬重龚昌荣的为人，有意放他们一马。但龚昌荣知道躲藏不了，当即对任屠夫说道："兄弟，谢谢你的好意！今天我就送你一个立功的机会。"然后，他命令管兴和把他放下来，带上龚佩荣撤离，自己则坦然地坐在地上，等待敌兵的到来。

龚昌荣被捕后，毫无惧色，神色自若，侃侃而谈，气势咄咄逼人。乡民团首领安中华怕在押送龚昌荣去县城的途中出现意外，就用两块银圆雇用地痞李绍兴枪杀龚昌荣，面对虎威不倒的龚昌荣，李绍兴胆怯手抖，连打三枪未中，最后李闭着眼睛乱开枪，龚昌荣终于倒在血泊中。国民党黔江县县长王蜀屏命令割下龚昌荣的头颅，悬于县城西门外的范公祠示众。老百姓见状，无不动容，纷纷落泪哀悼。

龚昌荣就义后，黔江笼罩在白色恐怖之中。黔江红军游击大队骨干侯汉清、费俊良、龚良学、汪德福、刘云跃、罗玉龙、舒华清等分别带领小股队员，转入地下，坚持游击战争，抗击国民党反动派，最终迎来了抗战的胜利和黔江的解放。

2009年8月14日，重庆市人民政府追认龚昌荣为革命烈士。

李永端（1900~1943）　字春晖，黔江区阿蓬江镇大坪村人，四十三军副军长，抗日阵亡烈士。

　　李永端自幼在其父李朝泮（武庠生）馆下读私塾，后到成都四川军官速成学堂学习，与刘湘、杨森、郭汝栋是"速成系"学友。1926年，李永端到川军郭汝栋二十军第一师第六团任上尉副官，历任营长、副团长等职，先后驻扎广安、岳池、涪陵、彭水。郭汝栋部有中共党员郭汝瑰、傅秉勋等活动，还建有中共党支部，郭军也因此而倾向和同情革命。1930年，郭部奉命出川驻湖北阳兴县参与"围剿"洪湖苏区。由于郭军"左"的色彩，所以对贺龙领导的红三军采取"追而不打，围而不剿"的策略，以应对军令。

　　二十军是郭汝栋一手创建的队伍，川康整编后，只辖二十六师。1934年9月24日，因川军中二十军番号重复（杨森也是二十军），故改为四十三军，郭汝栋任军长兼二十六师师长，李永端历任四十三军二十六师七十六旅一五三团团长、副旅长、参谋长、副师长、副军长等职。

　　随着日本侵略步伐的加快，川军将士纷纷请缨抗战，官兵们留遗书、辞父母、别妻小，做好出川的准备。1936年，李永端将其妻子杨媲辉送回黔江老家草圭堂居住，并在濯河小学给师生宣讲抗战形势，勉励大家要振奋民族精神，准备抗击日寇。

　　1937年8月13日，淞沪会战打响。9月上旬，四十三军在军长郭汝栋、副军长李永端、师长刘雨卿的率领下，誓师出川，这支主要由下川东（今重庆市）人组成的"草鞋军"，背起简陋的武器装备，沿湘黔公路徒步踏上征程，去实践他们"男儿立志出夔关，不灭倭寇誓不还"的誓言。10月17日，刚接管大场镇（上海市区西北）防务，便与日寇短兵相接。24 日，在与日军鏖战 7 昼夜后，奉命撤至上饶休整，当时，5000 川军儿郎仅存 600 须眉，团长阵亡 2 人、营长阵亡 13 人、连排长伤亡 250 多人，打死打伤日军大队长、联队长以下 4000 余人，是参加淞沪会战 70 多个师中战绩最辉煌的 5 个师之一。由于减员太大，补充难继，李永端改任四十三军军械处处长，不久四十三军番号被撤销，只保留二十六师番号。1943 年，李永端在上饶对日军作战中阵亡，年仅 43 岁。

王宇震（？~1944） 黔江区人，追赠陆军少将，抗日阵亡烈士。

王宇震出生在黔江的一个家境殷实的家庭，自幼好学，成绩优异。然而，他的青少年时期，正是日本军国主义践踏祖国大地的时期，这使他立志从军报国，驱逐外寇。年稍长，他便参加了河南的第十五军（民国初年洛阳本地的镇嵩军整编），通过自己的努力，到 1944 年，已升任第十五军第六十四师参谋长。

1944 年初，日本军国主义者妄图挽救因太平洋战争失败而将覆灭的命运，制订"1 号作战计划"，出动 16 万兵力，发动了"豫湘桂作战"，进行最后的疯狂。第一战区蒋鼎文、汤恩伯拥有 8 个集团军 40 万之众的兵力，却一触即溃，4 月 18 日至 5 月 25 日 37 天内，连丢 38 座城市，九朝古都洛阳陷落，三十六集团军总司令兼四十七军军长李家钰在掩护友军撤退时不幸以身殉国，被蒋介石斥为"八年抗战之未有之耻"。

日寇围攻洛阳之际，蒋鼎文撤离洛阳。十五军军长武庭麟以民族大义为重，率六十四师、六十五师及川军十四军第九十四师7个团1.8万人的兵力，承担起戍守洛阳的重任，六十四师守卫最难防守的洛阳西工（西城）。5月初，日寇菊兵团长野副昌德纠集5万兵力，以战车第三师团开路，向洛阳发起进攻，遭到洛阳各路守军的顽强抵抗，滞止了日寇的前进。5月20日，日寇以20余辆战车、2000余步兵向守军一九四团后洞阵地发起猛攻，守军以血肉之躯与日寇坦克铁甲相抗，三易阵地，战斗空前惨烈。为改变被动局面，六十四师师长刘献捷、参谋长王宇震等决定夺回失去的碉堡。王宇震主动请战，亲率师部和六十五师特务连一个排、军直属搜索连两个排、一九〇团两个连展开攻坚战斗。在战斗最激烈的时候，王宇震总是身先士卒，冲杀在最前面，鏖战中，不幸中弹，壮烈牺牲，一九五团营长张逸群、军直属搜索连连长高兴等人也在这场战斗中殉国。洛阳保卫战，守军以1.8万人之力，孤军抵抗装备精良的5万日寇，历时21天，毙伤日寇8000余人。5月25日洛阳失守，守军仅2400余人成功突围，其余全部阵亡。1945年5月，国民政府追赠王宇震为陆军少将。

孙壶东（1901～1986）　字发瀛，别名沙瀚，黔江区城西街道迎宾居委人，知名爱国民主人士。

孙壶东自幼勤奋好学，1922年考入北京大学历史系，后转入北京国立法政大学学习，因受进步思想影响而投身民主革命运动，经常与在京川籍学生刘仲容、肖华清、李嘉仲、吕寒潭等参加同盟会会员刘云门倡导的时事讨论和马列主义研究活动，1924年下半年参加吴玉章领导的北京"中国YC团"（中

国青年共产党），1925 年参加由吴玉章倡导支持、吕寒潭主编
的进步刊物《新世纪》的印刷发行工作，结识了吴玉章、陈
毅，同年春参加中国国民党，为其左翼一员。下半年与清华大
学国学研究院学生杜钢伯发起组织新军社，创办刊物《新
军》，宣传孙中山三大政策，拥护国民革命和北伐，同时按陈
毅建议，发起成立四川革命青年社，团结进步青年，宣传马列
主义和国际工人运动，反对军阀，反对帝国主义。

1926 年，孙壶东在法政大学毕业后，吴玉章、陈毅安排
他从事军运活动，往返奔走于北京、四川、湖南、湖北、贵州
等省，联系革命军人，响应北伐，开展反对北洋军阀的斗争。
8 月，孙壶东参加了杨闇公、朱德、刘伯承、陈毅等领导的泸
顺起义，起义失败后，随部队撤退到开江。11 月，吴玉章被
国民政府委任为鄂西特派员，孙壶东任吴玉章的私人秘书。

1927 年，吴玉章指示孙壶东继续做罗觐光部策反和解散
赤心社的工作，协助吴玉章改组四川国民党，委任孙壶东为川
西党务指导员、四川党务特派员。1934 年，由于孙壶东一贯
主张联共反蒋，被国民政府撤去特派员职务，调去南京担任党
史资料编纂委员会编采委员。1940 年随国民政府迁到重庆后
弃职经商，被中统特务孙锡光（黔江冯家坝人）向军统告发，
军统以孙壶东"倾向共产党""行为不轨"等罪名抓去秘密监
禁于白公馆，后转渣滓洞监狱和贵州息烽集中营，即将临产的
夫人徐宝芝也随同入狱，在息烽监狱中生下女儿孙达孟，被狱
友称为"监狱之花"。

在息烽监狱，孙壶东与杨虎城、罗世文（中共四川省临

委书记、川康特委书记)、车跃先（中共川康特委军委委员)、韩子栋（监狱地下党支部负责人之一)、宋绮云、黄显声、李超民、马寅初等共产党人和革命人士结成挚友，成为"监狱学校"里小萝卜头和"监狱之花"孙达孟的启蒙教师之一。他的夫人徐宝芝与中共地下党员黎琳（化名张露萍)、徐林侠（小萝卜头的母亲）同关一室，亲如姐妹，张就义前，徐为她梳头、整妆。孙壶东得知黎琳壮烈牺牲后，悲愤不已，写下《悼张露萍》一诗，"壮志未酬人已终，桃花马上一贞雄。阳郎入夜鬼声起，恨气何时去蜀中"，盛赞她为壮志未酬的巾帼英雄。他在狱中还写下《悼罗世文车跃先二君》等多首诗歌和《缅怀宋绮云烈士》等散文，痛悼遇难烈士，颂扬共产党人和革命志士"精神不死""光照千秋"，表达他的深切悲痛和怀念之情。1946年7月，孙壶东一家三口被押回重庆监禁。1947年，经著名民主人士、画家何香凝出面多方营救，地下党员、复旦大学历史系教授文光甫具保，孙壶东方获释出狱，出狱时，他还冒险带出了车跃先在狱中花6年时间撰写的《四川军事史》和一部尚未完稿的《自传》（现保存在四川省博物馆)。

孙壶东出狱后，仍利用原有身份和威信，继续做国民党军队策反工作。1948年，与邱翥双等嵌入黄隐、谢德堪九十五军，开展统战工作，策动该部起义。1949年春，代表部分川军秘密去解放区接头，到南京经陈毅介绍与刘伯承洽谈，刘伯承又介绍他去西安拜见贺龙，并参加了中国人民解放军，在十八兵团六十军工作。根据贺龙的指示，他参加了川西会战，在

向四川进军途中，奉命与杨叔铭等策动国民党川鄂边区绥靖公
署副主任董宋珩十六兵团于 12 月 25 日在四川北部什邡县起
义。

解放后，孙壶东积极投身革命，以无党派人士身份参加政
府工作。1950 年，孙壶东出任川西行署委员兼民政厅副厅长，
1952 年任四川省民族事务委员会副秘书长，1956 年调任四川
省人民政府参事室参事，"文化大革命"中被停职。1981 年落
实政策后任四川省政协常务委员。孙壶东身居蓉城心系家乡，
1982 年 6 月，将补发的两万元工资捐出一半给黔江图书馆。
党的十一届三中全会后，年逾八旬的孙壶东常带病参加集体学
习和各项社会活动，积极撰写文史资料和对台宣传稿件，参与
智力支乡委员会活动。1986 年 1 月 28 日，孙壶东因年老多病
医治无效逝世于成都，享年 86 岁。遵照他的遗嘱，其骨灰一
半葬于成都，一半葬于故乡母墓之侧。

程绍迥（1901～1993）　1901 年出生于黔江县青岗乡
（今黔江区城南街道菱角居委）香树湾，一级研究员，中国杰
出的兽医科学家，现代畜牧兽医学奠基人。

程绍迥从小即接受到良好的家庭和学校教育，3 岁起随父
程昌祺（字芝轩，同盟会会员）在重庆、成都读书，1911 年
初中毕业，考入北京清华园学习。1921 年清华毕业后去美国
爱德华州立农工学院攻读畜牧兽医专业，1926 年用五年时间
学完六年的课程取得兽医学博士学位和畜牧学学士学位，并被
选为"全美优秀大学生荣誉学会"会员，接着进入美国约翰
斯·霍普金斯大学公共卫生学院免疫学系学习研究，1929 年

取得该院免疫学科博士学位，1930 年被选为美国"公共卫生学荣誉学会"会员、"科学家荣誉学会"会员，29 岁的他毅然谢绝了导师和同学们的热情挽留，踏上了归国之路。

1930 年夏，程绍迥任国民政府实业部上海商业检疫局兽医技正，兼上海兽医专科学校教授，从此他就向耕牛天敌——牛瘟展开了一场 25 年的持久战。1932 年，他在上海建立了第一座血清制造所。1938 年，程绍迥在黔江设置"国营第一耕牛繁殖改良场"，任命程绍珩为首任场长，开展耕牛繁殖改良工作，并亲自带队扑灭了当年在黔江、秀山、咸丰一带流行的牛瘟。抗战时期，他在四川秀山、荣昌等地建立了更大的血清厂，生产牛瘟血清、脏器苗等急需的生物药品，在贵州建立兽疫防治督导团并自任团长，在川鄂成立相应的防治机构，为及时扑灭流行川黔鄂三省数十个县的牛瘟做出了贡献。

1940 年，国民政府农林部在重庆成立，任命程绍迥为渔牧司司长，他三辞方就，随后又任东南兽疫防治处处长等职。其间，他建立了我国第一个畜牧兽医研究所——中央畜牧实验所（简称"中畜所"），亲任所长，还在全国筹建了十几个畜牧兽医机构，为我国全面发展畜牧兽医事业打下了一定基础。

抗战结束后，在国民党反动派发动内战的炮火声中，程绍迥仍继续他的研究工作。他带领"中畜所"主攻牛瘟弱毒疫苗，很快便研制出鸡胚化牛瘟弱毒冻干苗、兔化牛瘟弱毒疫苗，达到国际先进水平。1948 年 11 月，程绍迥代表中国出席了联合国粮食组织在赞比亚首都卢萨卡召开的"防治牛瘟国际大会"。会上，他宣读了自己的《中国鸡胚化牛瘟疫苗》和《兔化牛瘟疫苗及其疫苗作用》两篇论文，受到与会各国代表的高度评价，两项科研成果在亚非国家很快推广使用，并见到实效。

1949 年初，程绍迥拒不执行国民党农林部关于"迅速将中畜所搬到大西南"的命令，与同行一道，千方百计保护"中畜所"，一直坚持到 4 月 23 日南京解放，使"中畜所"完好地回到人民的怀抱。他还将全所职工冒着生命危险保存下来的几万美金、金条和几辆卡车全部捐给解放军某部，支援部队西进和南下。同时，他还将自己 15 岁的儿子程祖璇送进解放军部队，参加解放全中国的战斗。1950 年 2 月，程绍迥被任命为中央人民政府农业部第一任畜牧兽医司司长，主管消灭牛瘟的具体工作。他根据国家两次防治牛瘟大会精神，在青藏高原的帐篷实验室里成功研制了"绵羊化兔化牛瘟弱毒疫苗"，发动了全国性的向牛瘟发起最后进攻的大会战，在中国大地消灭了牛瘟。

以后，程绍迥带领"中畜所"又相继开展了控制和消灭口蹄疫、牛肺疫、马脑炎等形形色色的兽疫斗争。1951 年，在抗美援朝战争中，程绍迥奉命参加了我国反细菌战调查团，一起战胜了美帝国主义撒下的罪恶细菌，粉碎了美帝国主义发动细菌战的罪恶阴谋，为保卫人类和平又立新功，荣获卫生部颁发的二等奖。他在科学研究和兽疫防治工作中，非常重视发现和培养兽医人才，半个多世纪以来，他严谨治学，已是桃李满天下、"五世同堂"。他成功地研制了牛瘟血清、脏器苗、兔化牛瘟弱毒苗、鸡胚牛瘟弱毒苗和口蹄疫 AEL30C 灭能苗、抗弱者红痢血清等多种重要的生物药品，写下了许多有珍贵价值的研究报告和学术论文，以其辉煌业绩成就、崇高威望信誉，被选为中国畜牧兽医学会副理事长、理事长、名誉理事长，中国农学会副理事长，中国微生物学会常务理事，历任中国农业科学院副院长、农牧渔业部畜牧局副局长，第二、第三届全国人大代表，第五、第六届全国政协委员。1983 年 5 月，荣膺"约翰斯·霍普金斯学者学会"会员。

80 多岁高龄的程绍迥仍十分关心黔江经济社会的发展，他利用曾是九三学社六届中央常委的身份，促成中国农科院九三学社支社与黔江结成帮扶对子，他还把自己两位在北京国家机关工作的儿子介绍给黔江，1992～1993 年，其子程祖琪到黔江地区行署挂任副专员，他还为黔江图书馆赠送畜牧兽医等珍贵图书 105 种 400 多册。1993 年 7 月 29 日，程绍迥因年事已高在北京逝世，享年 92 岁。12 月 1 日，其子程祖璇护送骨灰回乡，将他安葬。

徐廷泽（1928～2005） 黔江区濯水镇人，新中国成立后从台湾驾机起义第一人，第四、第五、第六届全国人大代表。

1928 年，徐廷泽出生在濯水镇的一个手工业家庭。父亲徐朝轩经营自己的织袜、织丝和花线铺，抚养了廷模、廷忠、廷林、廷尧、廷泽、廷泰、廷碧七姊妹。抗战时期，徐朝轩、徐廷林在黔江流行瘟疫中去世，全家靠徐廷模维持生计。徐廷泽从小就读于濯水小学，毕业后又读私塾。1940 年 7 月，第六战区长官司令部部分机关设于黔江正阳乡凉水井，率先落户黔江的长官部通讯团通讯大队陆续在境内招收通讯兵。1944年，徐廷泽、黄顺吉等应征入伍，到第六战区长官部通讯团通讯大队第一中队从事无线电工作，不久升任电台排长。1949年徐廷泽随军撤到台湾，1955年毕业于台湾空军军官学校，后任见习教官、飞行员，先后获得"宣武""雄鹫""翔豹""飞虎""云龙""复兴"6种奖章。1963年6月1日，这位"天之骄子"怀着对祖国的热爱、对台湾当局和"台独"的不满、对大陆的向往和对家乡的眷念，义无反顾地驾驶 F-86 型战斗机从台湾新竹飞抵福建龙田机场起义①。

1963年6月4日，国防部在福州召开盛大的欢迎会，空军司令员刘亚楼代表国防部宣布命令，授予徐廷泽少校军衔，奖励黄金2500两。6月20日，国务院总理周恩来，国防委员会副主席叶剑英、张治中、傅作义、蔡廷锴，空军司令员刘亚楼在北京先后接见了徐廷泽。9月，徐廷泽回到阔别20年的家乡黔江，受到中共黔江县委、县人委领导和家乡亲人的热烈欢迎。之后，徐廷泽先后任中国人民解放军空军某航校飞行团副团长，航校司令部副参谋长、副校长、顾问等职，并当选为第

---

① 沈永宽《飞向光明第一人——徐廷泽飞回祖国大陆前后纪实》："天之骄子徐廷泽是台湾空军颇有名气的飞行员，他的飞行技术首屈一指，在执行任务和飞行训练中卖劲，很得上司赏识，先后获得'宣武'、'雄鹫'、'翔豹'、'飞虎'、'云龙'、'复兴'六种奖章。"1963年6月2日《人民日报》："（昨日）原蒋军空军第二联队十一大队四十二中队上尉飞行员徐廷泽，驾美制 F-86 喷气式战斗机起义，飞返祖国大陆，于今日上午在华东某机场安全降落。徐廷泽弃暗投明归来，受到当地军民的热烈欢迎。"

四、第五、第六届全国人大代表，1978 年 9 月 26 日，徐廷泽光荣地加入了中国共产党。受徐廷泽的影响，先后有黄天明、朱京蓉、黄植诚、李大维等一批国民党军飞行员驾机投诚起义，飞向光明。

党的十一届三中全会后，中国大陆进入以经济建设为中心的社会主义现代化建设新时期。身为全国人大代表的徐廷泽十分关心祖国和家乡的建设、民族的复兴和祖国的统一，常给家乡黔江土家族苗族自治县通报情况、传递信息、出谋献策。1988 年春节，在黔江县委、县政协举办的春节茶话会上，徐廷泽与 100 多名台胞、台属、侨属和各族各界知名人士建言献策，共话发展，得到了黔江县委的高度重视。

2005 年，徐廷泽因病医治无效，在北京逝世，享年 77 岁。

洪阳　苗族，1973 年 1 月出生于重庆市黔江区，博士，正教授，现任美国国家天气中心遥感水文气象气候实验室（hydro. ou. edu）主任，清华大学土木水利学院教授，中组部"千人计划"国家特聘专家，水文水资源学和卫星遥感领域的国际知名科学家。

洪阳少年好学，在五里乡胡家坝小学、联合镇中学、黔江中学完成了小学、初中、高中的学业，1992 年，作为渝东南恢复高考后第一位考入北京大学的学子，他进入北大地空学院和环境学院，分别取得学士、硕士学位，1999 年他留学美国，谢绝了伯克利大学、耶鲁大学等奖学金，选择了美国水科学专业连续多年排名第一的亚利桑那大学工学院，并师从美国工程院院士，2003年同时取得水文水资源工程学以及遥感和空间分析博士学位。

学成后，洪阳留美工作，2004年，任美国国家科学基金会NSF/SAHRA科学技术中心博士后学者。2005年，任加州大学尔湾分校水文气象学与遥感中心博士后研究员。2006～2007年，任美国国家宇航局（NASA Goddard Space Flight Center）研究科学家。2007年被俄克拉荷马大学土木环境学院、大气学院直接聘任为副教授，并提前破格晋升为正教授，用他自己的话说：他是发扬了家乡"宁愿苦干，不愿苦熬"的黔江精神，用4年时间走完了别人12年的路程。2009年，参与创建美国国家天气中心（National Weather Center）遥感水文气象气候实验室，并担任该实验室主任。2013年，被中共中央组织部"千人计划"引进担任清华大学土木水利学院/水利水电工程系教授，成为国家特聘专家。

洪阳是水文水资源学领域的国际知名学者，在遥感水文气象要素定量计算、雷达卫星资料同化系统集成、极端气候灾害预报理论及其工程系统应用方面领跑国际，特别是在多卫星以及地面雷达合成定量降水产品、全球水能量循环研究及复杂环境下遥感水文气象模型同化耦合研究上做出了原创性贡献，其理论方法和专利技术已被应用在美国NASA和海洋大气总署NOAA系统中，并通过国际合作应用在少资料的非洲、南亚和中南美洲地区。

洪阳是一个多产的科学家，有学术著作20多部（章节），被国际SCI学术刊物引用3000多次，并在其上发表研究论文160多篇，开发技术转让11套。洪阳还担任多个国际学术期刊的主编、编委，担任中国地球科学促进会主席等多个国际学术协会负责人，曾连续两届被推选担任美国American Geophysical Union卫星遥感降雨专业委员会主席，2005～2013年连续入选美国国家宇航局"全球卫星降雨观测计划 – TRMM/GPM"专家组，主持全球地球观测联合系统GEOSS中的重点项目。2007年获美国航空航天总署"NASA/Goddard空间飞行中心研究突出贡献奖"，2008年获NASA总部颁发的"推动和加速NASA科学研究产品社会化重要贡献奖"。

不惑之年的洪阳还有一腔爱国爱乡热情，他说："建设智慧家乡，只要用得到我的地方，我将全力以赴。"

3 掌故传说

县名由来

黔江自有建置史以来，曾名丹兴、石城、黔江，这些名称的来历，既有正史可考证，也有野史坊间传说。

汉武帝建元元年（前140），在巴郡置涪陵县（治所在今彭水自治县郁山镇）。东汉建安六年（201），涪陵县令谢本认为辖地太广，不利治理，便上表益州牧刘璋，分而治之。刘璋采纳其建议，将涪陵县析分为涪陵、永（万）宁、汉葭、丹兴4县。其中，丹兴县为原涪陵县东南地区（今重庆的黔江、酉阳、秀山和贵州的松桃、铜仁等），疆域广袤，盛产丹砂

（至今仍是我国重要的丹砂产区），采丹及其冶炼业十分兴旺，《史记·货殖列传》就曾记载了巴寡妇清及其祖先因丹而兴的故事，所以取名"丹兴县"，定治址于楠木坪（今城东街道南海城居委）。

西晋武帝泰始元年（265）至太康元年（280），涪陵郡治、丹兴县治均迁至丹兴县老"县坝"（今舟白街道县坝居委），太康元年，废丹兴县省入涪陵、汉复二县。怀帝永嘉以后，战乱纷纷，涪陵郡一带少数民族拥兵自保，从永嘉元年（307）到北周保定四年（564）田思鹤"以地内附"的256年间（历宋、齐、梁、魏、周等政权更替），郡、县机构形同虚设，史称"没于蛮僚"。保定四年北周在丹兴地置庸州，治所设在老"县坝"。隋文帝开皇五年（585），在丹兴地置石城县①，属庸州，州、县均治"县坝"。由于县坝地处唐崖河（今阿蓬江）与段溪河交汇处的一级台地，东迎唐崖河、南临段溪河，西靠观音山，南面横岭，且有雄关横亘（老鹰关），故取名"石城县"。唐贞观四年（630），楠木坪一术士取县坝、楠木坪相同体量的土过称，发现楠木坪的土要重一些，便广为散布楠木坪是故县旧址，龙脉歇气350年后再度兴旺。此信传到县令耳朵里，极为心动，便下令迁治回楠木坪。

唐玄宗天宝元年（742），因为石城县18寨中的万就、鹿

---

① 《隋志》载："巴东郡统县十四，北极巫山、秭归，南至石城、务川。石城县广矣。"隋炀帝大业三年（607），废庸州，改黔州为黔安郡，省石城县入汉葭县（今彭水县），属黔安郡。

角等寨在乌江右岸，唐时乌江为黔江，便依江更名黔江县①。至于民间传说黔江、彭水的县名是因为两县令把任命的诏书拿调了，那纯粹是坊间笑话。

孝子遇仙

黔江主城东有酉阳、插旗二山，两山之间，有一道峡谷，绝壁幽深，瀑布悬泉，急湍胜箭，猛浪若奔，当地人称"遇仙峡"②，是今天黔江"峡谷峡江"旅游的核心景区。

柳映芳，黔江汉末人，年幼丧父，家贫如洗，与多病的母亲相依为命，年少的映芳承担起家庭的重任，他以打柴为业，维持生计。有一天，柳映芳遇到一位老人，把他领到酉阳山脚，叫他专砍一棵树，并说一个月只砍一枝丫，就可以供养母亲了。柳映芳遵从老人的指点，砍其一枝到市场售卖。一个医生见柳映芳卖的是沉香木，便以高价收购。从此，映芳家境日好，母亲衣食日渐丰厚。传说是因为柳映芳的孝心感动了神仙，得到了指点，在黔江传为佳话，后人感念其孝，在酉阳山脚修建"柳孝子亭"，后毁。张九章任知县后在黔城东郊重建"柳孝亭"，今亭已坍塌，存有"柳孝台""柳孝巷"等地名。

灭州夺印

南宋绍兴元年（1131），贵州苗族首领金魁（号金头和

---

① 清光绪《黔江县志》载："县本无江，以黔江名者，缘黔中所出之乌江以为名。"在唐代，黔江辖及乌江沿岸，当时乌江叫"黔江"，故县以"黔江"命名。

② 清光绪二十年《黔江县志》载："柳映芳，不知何时人也，据《通志》：黔江人，事母至孝，家贫，薪供养。一日，遇老人引至酉阳山下，指一树，令伐之。且曰：月取一枝，足供母膳矣。映芳伐树入市，医者识为沉香，重价购之。母膳由是日丰，人以为遇仙云。"

尚）领导苗民起义，势如破竹，从乌江"铁围城"直下泸州。朝廷急令少帅田佑恭率领镇国将军何贞、副将冉守忠等何、冉、张、杨、安、邵、李、谢、朱、覃等十姓子弟兵入川征剿，三年平息。朝廷论功行赏，封何贞为京洞州牧，领忠孝坝（州治，今酉阳县城）、铜鼓潭、酉北（今酉阳黑水，黔江金洞、马喇、阿蓬江、濯水）等地，封何贞之子朝北、朝南领贵州思南府，封其兄骠骑将军何庆之子何德坤为彭水郁平土司，封田氏为知州领贵州后坪等地，封杨氏为知州领秀山宋农等地，封冉守忠为知寨领李溪、官坝、孝感坪等地。

南宋宁宗庆元二年（1196），冉守忠后裔冉思通向何贞后裔发起进攻，占领忠孝坝、铜鼓潭，何氏败守以金洞为中心的西北地区，仍世袭京洞州牧。何氏卧薪尝胆，强农强军，构筑工事，以防冉氏再犯，为警醒后人不忘"庆元"之耻，还将辖区多处命名为"忠孝""铜鼓"。

明永乐十一年（1413）六月二十四日，冉守忠第12代孙冉兴邦（土司）再次起兵攻打何贞22世孙何应乾、何应坤。由于何氏的长期经营，冉兵累攻不下，正当冉兴邦焦头烂额的时候，山上传来羊叫声，他便计上心来。当晚，何应乾见满山遍野的灯火包围上来，急忙放下滚木檑石，待放完一看，被砸死的都是些羊，尾巴上还燃着火把。而这时冉兵已经摸了上来，短兵相接，何家兵不敌，经"升旗岭"退守"旗号岭"。何应乾混乱中与大队失散，怀揣大印逃往磨沟，躲到上际里细沙河黑洞潭，见追兵又到，纵身跳入黑洞潭。追兵看着深不见底的黑洞潭，正无计可施时，树上一鸟哀鸣："阎王刺拖"。

追兵会意，便砍来阎王刺伸入潭中拖起何应乾的尸体，夺走了大印，冉兴邦乘胜占领酉北地区，灭州建峒，将其势力扩展到冯家坝阿蓬江南岸。

当年冉兴邦追击何应乾跳黑洞潭，夺走大印后，令将其暴尸河滩，并诅咒说："何家后人要想兴旺发达，除非他身上的阎王刺活"。说也神奇，当晚天降大雨，河水猛涨，冲来大量泥沙将何应乾的尸体埋在沙丘下，第二年，沙丘上长出一大片阎王刺嫩芽，并迅速蔓延，沿细沙河长出一公里多的阎王刺堤。今天，何氏后人已遍布渝鄂湘黔。

武陵山名来历

明朝万历四十年（1612），黔江县知县杨再栋责成和尚清圆在架舡卫灵山选址建庙。在修建过程中，有一个名叫宋孝清的瓦匠，经常来工地做工，但不收工资，后来又来了一位道人给宋孝清做帮手，工程结束后，道人当即题诗一首："天生福地武陵山，峙立乾坤不等闲。联峰落脚培金脉，玉笋冲霄捧翠盘。一剑云横喷紫气，九天星彩映元关。神功默默资民命，戛音传声四海沾。"道人题毕，给宋瓦匠一枝桃条，相引而去。后人传说是神仙化作道人，渡化宋瓦匠成仙，因此卫灵山便改名武陵山。

八角庙妙联

武陵山对面的羽人山脚曾有座庙宇，建造独异，呈八角状，故称"八角庙"。传说1873年，四川学政张之洞赴酉阳州主考经过此地，见一牧童骑于牛背，想起陪同前往的江油才子李调元曾说黔江人善诗联，童叟皆能，便以八角庙为题材，给牧童出一上联："亭亭楼台八角六面四方"。牧童不知其意，摇手而去。张之洞便讥笑李调元吹牛，李调元对张说自己没有吹牛，牧童已经对出来了，只是张不懂而已。张之洞连忙请教，李调元说，四川人对对子，不仅用口对，也用手对，那小孩对的是"摇摇玉手五指三长两短"。

小南海地震传奇

在清咸丰年间小南海地震后，广泛流传着两个奇闻：孝子平安、灵畜救主。

清咸丰年间，大路坝有一刘姓人家的寡妇，带着两个儿子，靠着一间草房、半亩土地艰难度日，老大成年，寡妇便为他讨了一房媳妇。地震时，刘家位于震中，霎时山崩地裂，人畜突奔，大儿子背起媳妇就跑，弃年迈的母亲于不顾。小儿子刘光贵当时在外，见发生地震，不顾飞沙走石，急忙跑回家中，背起母亲外出躲避。地震中，其兄嫂等上千人被压死，家园尽毁，老窖溪被湮塞成湖，只有刘光贵母子安然无恙。不仅如此，他家的房屋、土地被整体推移到十多里外湖北咸丰县境内，就连所养的一只狗、放在破木柜内的半瓶酒也都完好无损。

地震后，"灵畜救主"的故事也广为流传。小南海地震发生的那天，李绍白应邀到大垮岩下殷家湾一财主家喝喜酒，他刚一上马，那牲畜便四蹄乱踢，高声嘶鸣，惊恐万状。李绍白的母亲见状就说："坐骑不安，主有不测，你就不要去了！"李绍白听从了母亲的劝告，下马回屋，忽然地动山摇，峰崩岩塌，殷家湾刹那间被山石埋没，李绍白幸免于难。掌上盖也在这次地震范围之内，震前，"黄十桌"家正围坐在一起吃饭，忽然一只小狗跑来，叼起饭瓢就往外跑，黄家的小童养媳见状急忙追赶，刚出朝门外，山岩轰然垮塌，黄家一门近百人惨遭劫难，唯独小童养媳侥幸逃脱。原来那童养媳在黄家长期服侍大家吃饭，只有等所有的人吃过了，她才能吃，这时小狗就会来到她身边讨要食物，因此小狗和她感情最好，生死关头救了她一命。

张公万柳堤

黔江城位于四十八渡水（今册山河）与大木溪交汇之所，每当夏秋淫雨，山洪决堤，扫荡良田，水漫城区，洪水连边肆虐，民众苦不堪言。

光绪十五年（1889），山西平定州进士张九章（名山右，号衮甫）出任黔江知县后，决心修筑河堤，根治水患，便召集绅民商讨治河之策，筹款数十千缗，请免一年捐税 800 两，城中居民每户投工 3 个，次年 3 月竣工，孰料又遇洪水荡平。张九章临困不馁，续修河堤，以工代赈，亲自督造，三年乃成。继之又在南门到校场一带筑用大石垒砌挡水堤，堤高 3.4 米、宽 1.7 米、长 58 米，堤上植柳树 760 棵，黔江人称为"张公万柳堤"，在 1982 年 7 月 28 日特大洪灾中被冲毁。

神龟峡三郎峰

神龟峡右岸有座威严挺拔的山峰，名叫三郎峰。传说在峡的右边统口村住着杨氏家族，左边黄莲村住着朱氏家族，两个家族都想独占神龟峡，虽然两家进行了无数次较量，但由于势力相当，难分高下，只好以河为界划分各自的势力范围。杨家寨主的三个儿子芒种、冬至、大寒时常到江里挑水、洗澡，并与朱家寨主常到江边洗衣裳的三个女儿谷雨、小满、大满长年相对，不知不觉中互生爱慕，他们吹木叶、对情歌，私订终身。朱寨主得知三个女儿爱上了仇家的儿子，气急败坏地把女儿们软禁在屋里，逼迫她们离开杨家三兄弟，但姑娘们誓死不从，被朱寨主沉入江中。杨家三兄弟闻讯来救，但还是晚了一步。杨氏兄弟心痛至极，伫立江边，化为"三郎峰"，痴情地守候着他们的恋人。

红军树

在黔江水市乡水车坪的山脊上，生长着一棵百年老树——皂角树，20世纪50年代以来，当地人亲切地叫它"红军树"，改名的背后，有一段贺龙元帅四到水车坪的传奇故事。贺龙原名贺云卿，早年曾四次到过水车坪，与水车坪人民结下了深厚的情谊。

1914年秋，六个商人打扮的人来到水车坪，住进石卓之开的客栈。领头的是20岁左右的英俊青年，他身材魁梧，举止大方，头戴礼帽，身着长衫，对人和气，他自我介绍名叫贺云卿，家住湖南桑植县，来此采购山货、骡子。这次他一住就是10天，而且邂逅了在鹤峰认识的水车坪商人贺兴瑞，二人很快成了莫逆，和石卓之一家也十分亲密，石卓之还把大女儿石琼仙拜寄给贺云卿做干女儿。贺云卿有一身好武艺，不时逗人玩耍，早上他洗完脸，轻轻一跳，把洗脸盆放到屋檐上，然后对其他人说："你们要洗脸就跳上去拿，不洗就算了。"常常搞得大家捧腹大笑。一有空他就拉家常，摆龙门阵，不时还提到"惩治恶人""除暴安良"等事情。

　　1916 年 3 月，贺云卿"两把菜刀起义"后，建立起了
1000 余人的农民革命武装，为扩充军备，他于 8 月再到水车
坪采购军备物资。贺兴瑞、石卓之帮着在彭水、沿河等地乡场
购买骡子，十几匹膘肥体壮的骡马被集中拴在场边的皂角树下
喂养，不慎为大地主李彩之探知，即向驻两河口的护国黔军徐
姓营长告密，徐即令参谋龙保安率部突袭水车坪，殊不知龙保
安见了贺云卿后，被他的干云豪气、不凡谈吐所折服，兼有石
卓之、贺兴瑞从中斡旋，他不但没有扣押贺云卿，而且二人还
一起玩了两天，并把贺云卿礼送出境。

　　1917 年冬，贺云卿受湖南中华革命党"正谊社"的派遣，
秘密爆炸湖南省督军谭延闿公馆失败被捕，革命党将其营救出
狱后，回湘西组织革命武装。然而，此时的护法军却互争势
力，阴谋诱捕贺云卿、罗福龙，二人寻机逃脱，来到水车坪，
躲避护法军的迫害。

　　1934 年 5 月 6 日，红三军将士从马喇湖出发，经黄泥沱横
渡阿蓬江，驻宿水车坪。石卓之见了说是贺云卿的手信，便跟
着传信的红军战士前去，交谈中才知道贺云卿已经改名贺龙，
而且是红三军的军长。这一次，贺龙带领红军战士在水车坪公
开宣传革命，没收李彩之、周世禄、梁明欢等大地主的财物分
给贫苦群众。7 日，贺龙来到皂角树下，召开誓师大会，率部
向彭水进发。

　　每到盛夏的夜晚，水车坪的大人小孩们都会挤到这棵皂角
树下，听着苗族老汉石卓之唠叨贺云卿的故事。1977 年 8 月 1
日，中共黔江县委、黔江县革命委员会在这棵树下竖立"红

军革命纪念碑"，并正式将之命名为"红军树"。1982 年 11
月，红军树被列为县级重点革命文物保护单位。

潜龙扇

潜龙扇出自阿蓬江畔濯河坝一带土家艺人之手，它洁白如
玉，造型美观，灵活轻巧，技艺精致，是黔江人民夏季纳凉的
扇子，在人们享受清凉的背后，还有着一个凄美的传说。

相传很久以前，聪明美丽的土家姑娘巧玲与苗家青年龙莽
二青梅竹马，到他们步入婚姻殿堂的那天，龙莽二高高兴兴地
去迎娶巧玲，来到阿蓬江边渡过七里塘时，被土司头人带着一
帮家奴拦住，强行实施土司陋习"初夜权"，莽二怒不可遏，
扭打中被推入阿蓬江。众家奴惊慌之际，巧玲也纵身跳入深
塘。刹那间，一条蛟龙跃出水面，龙头高昂，喷出道道白沫，
龙尾一摆，将渡船掀入江中，土司头人和家奴全部被淹死。此
后，其他的土司头人再也不敢行使"初夜权"了。

次年春天，江边的山坡上到处长满了翠绿的剑棕，一根根
叶大茎精的紫青藤缠绕而生，人们都说那是莽二和巧玲姑娘转
世而生的，他们终于幸福地结合在一起了。当地的土家族、苗
族的大姑娘、小伙子为了怀念他们，每到农闲时，就把棕树剑
心、青藤割回，用开水煮沸之后，日晒夜晾，或用硫黄熏烤，
使之变白，然后按需要撕成小丝，把两匹棕叶对合，做成圆形
扇面，再用青藤缠柄，取名"潜龙扇"，寓意他们永不分离。
每到夏季炎热时，便到市场上售卖。1980 年在全国乡镇企业
产品会上，潜龙扇备受客商青睐。1996 年夏，濯水镇黄义芳
一举将潜龙扇打入泰国市场。

三　丹兴神韵

1 民族风俗

民族构成

黔江是一个少数民族聚居区，全区有汉族、土家族、苗族、回族、蒙古族、藏族、维吾尔族、彝族、壮族、布依族、朝鲜族、满族、侗族、瑶族、白族、哈尼族、哈萨克族、黎族、佤族、高山族、畲族、水族、东乡族、撒拉族、普米族、塔吉克族、鄂温克族等27个民族。土家族、苗族是世居的少数民族，也是两大主体少数民族，回族是清朝迁入的，其他少数民族是婚姻关系、工作调动等迁入的。汉族分布于全区各地，集中在平坝、田土肥沃的地区。土家族聚居于南部原酉阳土司辖地，散居于中北部地区，主要在千户所周围。苗族主要以龚、胡、秦、向四大豪族为代表，"龚据水寨，胡据峡口，向据后坝，秦据栅山"。2010年11月1日第六次全国人口普

查数据表明，黔江全区常住人口 445012，其中，汉族 118840
人、土家族 256246 人、苗族 69553 人、其他少数民族 373 人，
少数民族人口占总人口的 73.3%，土家族占总人口的 57.6%、
苗族占 15.6%。

民族习俗

民族习俗是民族共同的心理素质、共同文化形态特征
的载体，各民族在其共同区域、共同生活、共同劳动、共
同战斗中，形成了各自的共同风俗习惯。黔江地处巴楚文
化交融之所，民俗古朴，尤以其土家习俗更具特色。土家
族长期生活在武陵山区，与山为伍，与林为伴，与山区农
业有着不解之缘，尽管经历时间的洗礼，各民族相互交往、
渗透、吸收和融合，"你中有我，我中有你"，而且与时俱
进，但土家族始终保持着自身的许多传统。土家族待人接
物有风度，为人处世有礼节，在居住、迎宾、婚嫁、生育、
寿庆、丧葬等方面都有一定的礼数和讲究，有的礼仪还特
别有情趣。

居住　民居讲究依山傍水，抱阴负阳，其建筑主体为木构
架干栏式吊脚楼、四合院，因地域环境不同，造型样式也有区
别。在土司时期，等级规定极严，土司居处富丽堂皇，砖瓦鳞
次，绮柱雕梁，极尽奢华；所属官吏虽可竖柱画梁，周以板
壁，但不准盖瓦；一般土民只能权木架屋，编竹为墙，以树皮
或茅草盖房。"改土归流"以后，大量江淮、湖广、江西、山
西、河南、陕西等地人迁入，带来了汉族与其他民族的住宅文
化，这就形成了今天所看到的南北民居交融的"大观园"。吊

吊脚楼

脚楼是黔江民居最典型的建筑，一般建在坡地上，分内（低）吊型、外（高）吊型，内吊型是在室内，将卧室建成吊脚楼，离地 1 米左右，恰似今日之"错层"，住者需上三五步木梯，方能进入卧室；外吊型建在平房左、右侧前方，其部分悬空者为"半吊型"、全部悬空者为"全吊型"，这类吊脚楼一般建一至三层，四周铺设走廊，屋檐四角上翘如鱼尾状，也有四角平铺而下者。平房在黔江也较普遍，一般建在平坝，三至七间不等，分为一般平房、吞口屋、一正一（两）厢等。吞口屋是将堂屋朝内退进 2 米左右，远远看去，像一个张开的口，成了设在大门口的一块可避风雨的场地。两侧可开门直接进入厨房或卧室，无须再经堂屋；一正一（两）厢，即在平房的左、右侧或同时建一厢房，呈"┏"形、"┓"形或"┏┓"形，正房中间为"堂屋"，作祭祀、迎宾、办喜庆等大事用，堂屋两侧的左右两间住人，左大右小，通称"人间"，"人间"以中柱为界，分为前后两个小间，右侧前一小间作厨房，后一小间住父母；左边后一小间住长子，前一小间住未婚子女。若两兄弟分了家，兄长住左边"人间"，小弟住右边"人间"，父母住神龛后边的"抱兜房"，"人间"上边为板楼或条楼，作仓储用。

服饰　古代，土家族以野麻为布，喜着斑布衣。土司时期，男女服饰不分，皆为一式，头裹刺花布巾，衣裙尽绣花边。"改土归流"后才分男装、女装、童装，男装头缠青丝帕或青布帕，帕长 7~9 尺，包成人字格，服饰以青色为主，上衣为琵琶襟，安铜扣，衣上边贴有梅花条，绣有银钩，裤裆大裤脚短（俗称"便裤"，未婚青年喜将白裤腰露出，将情人所赠腰带的耍穗与荷包吊在外面，以示标志），打绑腿（一般为青色或蓝色），脚穿瓦瓦鞋或两节瓜鞋，男人不分老少出入仍喜带刀弩，20 世纪 30 年代甘明蜀《酉属视察记》载：黔江土家人"有时赶集，亦各带小斧一把，稍遇不称意的事情，辄取出与对方迎头劈去。土人称此种小斧为土连枪，以其锋锐巧小，运用自如，且劈无不死故也"。女装上装有银钩、外托肩与满襟三种，一般用青布或蓝布制作。银钩为矮领，衣襟与袖口皆缀上宽青边，并往上贴三根五色梅条，胸襟沿用彩线钩花；外托肩无领，右开襟，滚书边，衣襟与袖口各有两道不同的青边；满襟长到遮住臂部，袖短而大，用白竹布滚书边。春

土家族成人装

秋两季青年妇女喜穿"喜鹊闹梅"装（即穿白竹布汗衣，外套青蓝背褡），妇女劳作时喜围绣花围腰，女裤仍为腰与裤两段相接而成，腰多为白布，裤为青蓝色或紫色，若蓝布则加青边，若青布则加蓝边或白边，裤脚上边贴三条等距离的

土家族青年装

梅条，穿尖尖鞋或瓦瓦鞋（鞋面用青蓝色布或粉红色绸绣花，故称"绣花鞋"），已婚女子盘髻（簪形多样），少女扎辫，无论老妪幼童喜庆场合均喜佩首饰，胸前挂扣花、牙签（上系银链、银牌、银丝、银珠等），耳着"瓜子""灯笼"

"单环"等，手戴手钏、戒指（手钏俗称"滕子"，银质或玉石，戒指俗称"梏指"，有"三镶子""一颗印""单股子"等）；童装最具特色的是帽与饰品，戴帽分季节，春秋戴紫金冠，夏季戴冬瓜圈或蛤蟆帽，冬季戴狗头帽、鱼尾帽或风帽，帽上除绣花鸟虫鱼或福禄寿喜外，有的还缀"大八仙""小八仙""十八罗汉"等银饰，或还在花中缀珠子，或在帽尾吊银牌、银铃，手足戴金银圈或空心瓜锤、响铃等，颈上戴金（银）项圈，胸前挂"长命锁"，衣裤鞋袜均绣花。到清光绪年间，服饰已有了行业和城乡的区别，"大率士夫之服雅，商贾之服华，城市之服时，乡村之服古"，到 20 世纪 40 年代，除地方偏僻、交通不便的少数村寨外大部分已与汉族服饰无异。

　　婚姻　土家族原本崇尚婚姻自由，未婚男女以歌为媒，以歌传情，对唱山歌，表白爱情，相互爱慕，建立感情后，经土老司作证，即可成亲，不受礼仪限制，因而土家族民歌有"十对男女九唱歌，十支山歌有九情"之说。随着历史的演进，逐渐形成了"骨种""入赘""坐床""填房"的婚制。骨种婚即姑家女必嫁舅家子，如果不嫁，姑家则要给舅家以财物补偿，舅家不要方可他嫁，故有"姑家女，伸手娶；舅家要，隔河叫"的说法。此外，还有招女婿上门（"入赘"）、哥死弟收嫂（有"兄弟打亲家莫忙，哥哥死了填房"之说）、弟死哥收媳（"坐床"）、姐（妹）死姨妹（姐）续嫁等习俗。"改土归流"后推行封建婚姻制，婚姻以"父母之命，媒妁之言"主宰，逐渐形成"童养媳""抢亲"等婚姻恶习。土家族

哭嫁

迎亲

　　女子出嫁后从夫姓，只留姓，不留名（如白某嫁与冉姓，就称"冉白氏"），"再婚"仍受"坐床"影响，寡居嫂、媳须兄弟不要或允许方可"除姓"（即改嫁）。男子再婚较自由，有钱有势的人家还可"一夫多妻"，困难家庭出现"换亲"（即双方子、女交换成亲）。关于婚姻，还有一些特殊的称谓和礼仪，媒人说亲叫"咬耳朵"，女子出阁要"哭嫁"，出嫁后三天内要"回门"（即回娘家，走的时候要送糍粑把脚沾在婆家），生儿育女后要向娘家"报喜"（生男提公鸡，生女提母鸡）。

寿庆 黔江人有满"整十"做寿的习惯，但受辈分、年龄的限制，父母在世者不能举行，60 岁以下不能举行，一般是"男进女出"，即男子逢"九"女子逢"十"。

丧葬 "改土归流"以后，黔江丧葬礼仪繁杂，燕乐闹丧，击鼓为歌，牲牢为礼，成为基本习俗。清光绪年间黔江知县张九章主修的《黔江县志》载："始丧，举哀入殓成服，设魂帛，出讣闻，具酒食，延乡里，曰'办夜'。吊者达旦不寐，曰'守夜'。遵古者，请绅衿行家礼，朝墓哭奠，曰'开奠'。树木主礼龛上，曰'题主'。二十七月而禫。从俗者，招僧道作佛事，谓之'道场'。每七日，诵经谶，谓之'烧七'。三年内，大作佛事，撤灵位，谓之'除灵'。其葬迫不待吉者，曰'乘凶'。厝以待利者，曰'浅殡'。纳棺穴中而以桃枝枕之，久始抽去者，曰'抽枕'。以石围砌其坟，曰'包坟'。"在古代先后行过火葬、崖棺葬和悬棺葬，元代以后普遍实行土葬，其土葬的坟墓为石头砌成的条形坟墓，墓前打碑，左右有联，大多还在墓前端和左右两边雕刻龙凤呈祥、野鹿衔花等传统图案，有钱有势者，碑墓十分堂皇。

2 民族文化

黔江是一个以土家族、苗族为主的少数民族聚居区，具有鲜明的民族文化特点。到目前为止，有69项分别被列入国家、市、区级非物质文化遗产保护名录，其中，国家级1项、市级14项、区级54项，有3个重庆市民间文化艺术之乡，14个区级特色文化之乡，区级民间艺术大师37人。

南溪号子

南溪号子起源于唐朝，其雏形为土家族农民在劳动中解乏鼓劲的劳动号子和山歌号子，与薅草锣鼓近似，流传于黔江区鹅池镇南溪村。

南溪号子

南溪号子有别于川江号子、纤夫号子和武陵山区其他劳动号子、山歌号子，其歌词以"赋、比、兴"为手段，即兴创作，粗犷豪放，气势宏大，口授声传，代代增补，至今无正式文字记载。随着历史的推进，南溪号子的腔调和唱法逐渐固定下来，形成大板腔、九道拐、三台声、打闹（即薅草锣鼓）台、南河号、喇叭号等10多种。

1951～1956年南溪人唱山歌喊号子进入高潮，1957～1960年达到鼎盛，1966～1976年转入低潮期，1984年南溪号子虽然参加黔江土家族苗族自治县成立大会表演，但随着家庭联产承包责任制的实施而逐渐走向衰落并濒于失传，现只有近10人会唱，年龄在58～78岁之间。

黔江区成立后，着力加强非物质文化遗产的挖掘、整理、保护和传承工作，南溪号子被成功列入国家级、市级非物质文化遗产保护名录。2008年，杨正泽被文化部命名为国家级非物质文化遗产南溪号子代表性传承人；2009年，李绍俊、冯广香被重庆市文化广播电视局命名为非物质文化遗产南溪号子代表性传承人。

后坝山歌

后坝山歌传唱于黔江区小南海镇新建村，起源于土家人的生产生活与文化交流，具体时间无考，大体是代代相传，在日常生活和劳动中逐渐形成。后坝山歌歌词多属在劳动与生活中即兴创作，但在其历史发展过程中形成了较为固定的腔调和唱法，主要唱法特点既有四句一段、一句七字类似绝句的即兴山歌，也有句型散漫、朗朗上口类似古风的经典民歌，大致有儿歌、情歌、谐趣歌、叙古歌、哭嫁歌、劝世歌、生活歌、劳动号子等种类。

后坝山歌具有独特的价值。从内容上看，后坝山歌涉及土家族的多种民俗文化、民间传说以及生产生活形态，保留了日渐消亡的原生态文化信息，特别是其"十字歌"既有劝世之词、抒情之语，更留下了土家族古老习俗（如哭嫁）的重要信息。就其演唱形式和腔调而言，后坝山歌在武陵山区和周边更是独具特色，它散漫而又中音律的古风式曲调，展现了土家族山民在漫长的历史长河中积淀的艺术创造力和文化禀赋，并吸纳了其他地区和其他民族的优秀艺术成果，形成了独具一格的民间音乐艺术。

高炉号子

马喇高炉号子流传于黔江区马喇镇高炉村，高炉村位于马喇湖东面的高山地区，海拔 1586.7 米，居住分散，即使与对面邻居说话也必须高声喊叫，因而造就了他们有一副能歌善唱的金嗓子。《吕氏春秋》载："今夫举大木者，前呼'邪许'，后亦应之，此举重劝力之歌也。"马喇高炉号子和其他各地的号子一样，起源于劳动，后来与本地山歌相结合，形成了一种特殊的声乐艺术，最迟可追溯到明清时期的"湖广填四川"，高炉号子中的《过山号》《过河号》便记录了高炉人跋山涉水落户高炉的艰辛历程。

高炉号子一般由一名"号头"领唱，若干人和唱。在坝子上劳动时，喊号子，脚不受影响，反而会有舞蹈的节奏感。在山地劳动时，唱的人太多会影响农活，所以和唱者一般三人左右，领唱、和唱都要管好自己的"翼口"（工作面），但也讲求协作推进，喊号子的人落下的活儿，一般会被旁边的人加一把劲带上去。

高炉号子系口头演唱，无需道具，其歌词内容分即兴创作和现成山歌套用两种，现存的作品有"黔江县民间文学三集成编委会"收集整理的《三声号》《太阳出来正当中》《哟呵号》《过河号》4首记谱号子，载入《中国民间文学集成·黔江土家族苗族自治县民间歌谣谚语》一书中，公开演出的山歌剧剧本《土家恩仇记》中有大量高炉号子。

盐客调

盐客调的原生地和流传区域主要在黔江区沙坝乡万庆村。该村山环雾绕，竹木掩映，山峰峻秀，水清谷幽，解放前交通信息闭塞，但却是黔江、秀山等地食盐挑夫到彭水郁山盐场的挑盐必经之路。

盐客调源起的具体时间无可考证。清咸丰年间知县张绍龄主修的《黔江县志》载："黔江盐课，自雍正八年始……陆引盐勀在郁山镇采配。""川湘公路"没开通之前，整个渝东南片区的食盐几乎都是靠挑夫从彭水郁山盐场挑到各地，从而形成了"盐客"群体，"盐客"大都是单身参与，因心情郁闷，为了让大家忘记疲劳和痛苦，抒发内心的情感，就随口唱出了欢快的歌调，大家相互附和，后来人们就称它为"盐客调"。它分为上坡调、平路调、下坡调，但调音各不相同，根据调音就可以知道挑盐队伍所在的位置。挑盐路上，大家都是重的去，空的来，去来都唱无限制，触景生情，随口附和，高亢激昂。

盐客调是当地群众在劳动生活中产生的一种民间艺术形

式，作为苗族人民文化生活的重要形式，长期以来处于自编自唱、自我发展的状况，口授声传，由于无文字记载，也无明显的传承谱系，因而无从细考。盐客调歌词多属在挑盐（劳动与生活）中即兴创作，但在其历史发展过程中形成了较为固定的腔调和唱法，主要唱法特点既有四句为限的即兴歌调，又有句型散漫、朗朗上口类似古风的经典民歌，大致有风趣歌、比古歌、调情歌、劝世歌等类型，其中以"十"字冠名的歌曲最具魅力，如《十二杯酒》《十字》《十想》《十写》《十劝》《十绣》等。

角角调

角角调是渝鄂湘黔毗连的武陵山少数民族地区广大农村阉割牲畜、修补铁锅等艺人用于传递信息的一种乐调，乐器主要由羊角制成，声音清脆悦耳。

角角调

武陵山区山高坡陡、沟壑纵横，人们居住分散，信息不通。而从事阉割、修补的艺人们也为免除奔波，便发明了这种独特的信息传递方式。经过长期的演变，各种艺人均形成了各自不同的调子，人们一听，便知是不是自己需要的艺人到来，若是，则高声招请。有时人们也把吹"角角"当成一种娱乐，或一人独吹，或二人对吹，或多人合吹，由是而演变成独特的具有武陵山特色的音乐格调。随着生产方式的改变和社会的进步，"角角调"已逐渐走向消亡。

帅氏莽号

帅氏莽号是黔江区阿蓬江镇龙田居委帅氏家族传承的一种吹奏手艺，据帅氏家谱载，1785～1790 年间，帅朝耀用杉树皮卷筒成号，用以集合、催工、发令，后来改为竹筒制作。其子帅廷洋改用青铜铸造，并以此给土司当号兵。其孙帅远成将莽号发展到两对（4 支），主要用于婚丧嫁娶及其他活动。1984 年，其后裔帅永安兄弟携号参加自治县成立庆典表演。今发展到 3 对（6 支），主要由帅世权与同村 5 位外姓人演奏。

帅氏莽号的外形、吹奏方式与藏传佛教莽号区别不大，只是稍为短小，黄铜制作，分上、中、下三节，上小下粗，可叠放，总长约 1.5 米，盘口直径约 30 厘米。乐谱简单，计有单三翻、双三翻两种吹奏法，每支莽号可发出三个乐音，即基本音（管的第一泛音）、上方五度的第二泛音和下方八度的基音，有时并可奏出基本音下滑大三度的下滑音。莽号声音洪大，音色粗犷、低沉，颇为雄壮，既可与双筒同时吹

帅氏莽号

奏，也可与唢呐、锣鼓配合，是每次活动中最先演奏的乐器，在活动中起着开路、发令等作用。目前，龙田帅氏莽号已经成为黔江土家族民族文化活动与阿蓬江神龟峡旅游的一项重要内容。

向氏武术

向氏武术是黔江区中塘乡向氏家族世代传承的武术品种，向氏族谱载：后晋时，爵主彭士愁、官人向宗彦、好汉田二根等土家族首领与楚王马希范决战溪州（治所为今湖南永顺县王村镇），双方立溪州铜柱盟誓后停战，从此三大首领成为土家人供奉的先祖。向宗彦为武安军节度衙前兵马使、前溪州左厢都押手足、银青光禄大夫、检校太子宾客兼御史大夫、上柱国，为中塘向姓鼻祖，向氏世代尚武，自成套路，招数固定，言传身教，无文字记载，传男不传女，传内不传外。

向氏武术

向氏武术有刀、枪、铜、棍、锤、鞭、镖、叉、拳等诸般武术套路,每套均有固定招数。拳术四套,包括四明拳 23 招、偷身拳 45 招、五虎下溪拳 60 招、板凳拳 32 招;棍术三套,包括四明棍 20 招、子母棍 28 招、单头棍 40 招;刀术两套,包括双合刀 28 招、单刀 30 招;双铜一套 37 招;牛角叉一套 46 招;绳镖一套 49 招;九节鞭一套 8 招;流星锤一套 49 招;岳家枪法一套 25 招。向氏武术传人不断改良原有武器,现有为数不多的刀、枪、铜、绳镖、牛角叉等。

随着社会的进步,传统的观念被打破。目前,向氏武术传人约有 600 人,其中向姓 300 多人。

珍珠兰茶

黔江是茶树原产地之一,早在巴国时期就开始制茶、饮茶,打油茶、珍珠兰茶、摆手茶等流传至今。

光绪二十年（1894）黔江知县张九章主修的《黔江县志》载："珠兰，与兰异种，俗呼鱼籽兰，可焙茶。"珍珠兰又名茶兰、鱼籽兰，草本状蔓生常绿植物，植株平卧，叶如茶叶，花穗金黄，形似"珍珠"，故名珍珠兰，每年 5～7 月每日正午开花，即开即谢，只能即时采摘。珍珠兰在黔江呈规模生长，其花清香柔和，滋味醇厚，香味持久，其根、茎、叶、花全草入药，具有降脂降压等独特功效。

珍珠兰花

黔江制作珍珠兰茶起源于明代，采用唐宋时期熏花的罐窨方法，去掉熏花的工序，带有古代巴人的生活习俗和文化价值。其手工制作工艺别具一格，当珍珠兰花粒成金黄时采下，摊放于竹编簸箕内。先将炒制的茶叶在铁锅中微火翻炒一会儿，进行干燥，待茶叶冷却后，加入珍珠兰花拌匀，置入陶罐中，用笋皮封住罐口，每隔 5～6 个小时将笋皮揭开一会儿，抱着陶罐摇动几下，通气散热，两日后，将茶和花倒入锅中或竹编簸箕内用炭火烘干，然后再装入罐中密闭保存，随用随取。此茶叶嫩鲜润，清香馥郁，纯正持久，富含硒矿，品质极佳。1736 年，乾隆饮珍珠兰茶后曾写诗赞道："垂垂黄穗似珠珍，煮茗烹汤香满唇。花谱却称色正紫，从知记载信谁真。"重庆市原市长王鸿举也欣然题名"中国珍珠兰茶"，将之作为茗中佳品。珍珠兰茶还曾走进北京人民大会堂。

濯水绿豆粉

土家人制绿豆粉历史悠久，尤以黔江濯水的绿豆粉最负盛名。早在清代，濯水街上便出现了"老字号"绿豆粉馆，解放后濯水街上的国营饭店，绿豆粉也是一大招牌。

濯水绿豆粉以优质大米、绿豆为主材，经泡、磨、烙、烫四道工序精制而成。其质粗细均匀、柔软、筋斗，耐煮不散，味正爽口，色匀香脆。绿豆皮能消暑，肉能解毒，适宜人群广，绿豆与大米研制成粉、加料，具有很好的食疗功用，所以它不仅是风味小吃，也是食疗的首选。

黔江鸡杂

黔江鸡杂是黔江煨锅系列的代表菜，也是一道土家特色江湖菜，主材为自然散养土鸡的胗、肝、肠、心等内脏杂碎，佐以泡椒、萝卜、花椒、土豆、磨玉豆腐、姜蒜等，用传统方法秘饪而成，其味麻辣兼备，醇香可口，有开胃、驱寒、消食导滞等功效。

据传，1889 年禽疫袭黔，土鸡剧减，居民无奈，试着将原来杀鸡后丢弃的鸡杂清洗干净，佐以盐巴，炭火上炙熟而食，顿觉美味，便逐渐研制成一道特色菜肴。20 世纪 90 年代，黔城"国庆鸡杂""长明鸡杂""天龙鸡杂"等多家专营餐馆兴起，把黔江鸡杂推上餐桌并广为流行。进入 21 世纪，重庆、成都、北京、上海、广州、拉萨等地相继出现"黔江鸡杂"专营店并受到热捧。2012 年 3 月，重庆城市后院农业开发有限公司入驻正阳工业园区，研发、生产"阿蓬记"牌熟食袋装黔江鸡杂，使黔江鸡杂进入速食时代。

斑鸠蛋豆腐

斑鸠蛋豆腐俗称斑鸠窝豆腐、斑鸠叶豆腐，是流行于黔江的纯天然绿色食品，由斑鸠窝树夏天的成叶秘制，碧绿如翡翠，透明如宝石，嫩脆如果冻，形质像豆腐，气味清香，味道鲜美，引人食欲。

元朝时，渝鄂滇黔川陕地区发生饥荒，人们纷纷以野草树叶充饥。传说观音菩萨为了解救众生，给人们托梦，教人把斑鸠蛋树叶摘下来搓揉成浆，过滤去渣，以香灰点清，制成豆腐，故又名"神仙豆腐"。明洪武年间，田恩财的祖先随梁国公蓝玉征黔，战后定居八面山，对神仙豆腐的制作技艺加以改进，添加了一些食用辅料，使之变得更加绵实，口感更好，形成秘方，成为深受欢迎的绿色食品。今斑鸠蛋豆腐制作工艺散见于黔江各地，但仍以田恩财的斑鸠蛋豆腐最为著名。据《中药大辞典》介绍，它有"清湿热，解毒，治水肿、毒疮"的功效。

3 宗教文化

黔江先民长期处于自然崇拜、祖先崇拜阶段，未能形成自己的宗教体系，他们信仰原始宗教。秦汉至今，黔江境内有道教、佛教、基督教、天主教。

道教

道教是本土宗教，流传很早，明朝便在黔江城西的西山创建乌鸦观，万历年间（1573～1620）道人赤阳子题诗于壁，清康熙五年（1666）、嘉庆十五年（1810）重修；明万历四十年（1612），黔江知县杨再栋饬僧清园在武陵山顶修建真武观，清雍正七年（1729）、乾隆十八年（1753）、嘉庆三年（1798）重建或补修。清朝末年，西方"洋教"传入中国，北洋军阀禁止传信道教，全国道教逐渐式微，许多道观被佛教侵占，改为禅院，清末民初，真武观更名武陵禅院，境内道教影响减弱，解放后道士几乎都还俗改行，道观移作他用。

佛教

佛教在汉朝传入黔江，清《酉阳直隶州总志》载："清香寺，在县（黔江）西140里，酸枣乡白崖关，汉始建，清乾隆四年（1739）重修"；"复兴寺，在县（黔江）北200里，酸枣乡，汉朝遗像，后废，僧普光重修"，佛教在清朝进入鼎盛，当时黔江武陵山（今武陵仙山）与贵州梵净山、四川峨眉山齐名。清光绪《黔江县志》载："千百年历著灵应，远近数百里间莫不顶祝，奔走恐后。"1930 年成立中国佛教会黔江联盟会，这时武陵真武观已改为武陵禅院，分会正副会长，都是武陵禅院正副院长，1937 年成立四川佛教会黔江县分会，境内有大小寺庙近 100 所，以三屯乡为最多，并以之为特征之一，改为"三多（庙多、井多、牌坊多）镇"。解放后，僧人还俗，佛教活动终止。按照"信教自由"的政策，不干涉个人自愿信教，武陵禅院和尚释方熵当选省、县人民代表，四川省佛教协会理事。为了落实党的宗教政策，2002 年 7 月开放香山寺，黔江正式皈依佛门的居士约 500 人，皈依人群现在已成立了 3 个念佛组，还有一些人定期到寺院礼佛，佛教信众约 35000 人。

基督教

1807 年 1 月，英国伦敦教会牧师马礼逊绕道美国来到中国广州秘密传教，开始了外教对中国的文化侵略。1938 年秋，基督教川黔部总会派以干事杨伯林牧师为领队，汪继扬、向日暄、田云香、杨光朝、黄孟孝、梅景桂等人为成员的布道队首先来黔江开荒传教，租用县城南门街何学如的一幢平房作布道所，由于黔江人抵触外教，传教效果不佳，当时教民只有 20 多人。1939 年秋，"中华基督教宣道会福音堂"挂牌成立，梅景桂主持黔江教会教务（1949 年升牧师职），购买陈海清、陈老维在东门街太平岗的两幢旧平房，改造在一个院子（礼拜堂和住宅），面积约 600 平方米，1949 年 11 月，78 人接受洗礼。1950 年初，梅景桂、张家祥拜会县长王政，王县长向他们讲解《共同纲领》有关宗教信仰自由的政策，消除其疑惧。

1951 年，全国各地教会掀起了反帝爱国的"三自"革新运动，黔江教会于 3 月 14 日开展了自治、自养、自传的三自革新，200 多名教徒在《中国基督教在新中国建设中努力的途径》革新宣言上签了名。此后，黔江教会在政府宗教事务部门行政领导下、省基督教三自爱国运动委员会的业务指导下，逐渐清洗了西方色彩走向基督教本国化。"文革"中基督教停止活动，1983 年正式恢复基督教活动，开放福音堂。现在，基督教信众登记在册 295 人，95 人正式受洗，现有教堂上千平方米，宗教活动正常。

天主教

黔江的天主教是 1862 年传入的。1868 年、1873 年，由于法国天主教川东教主范若瑟及火石垭、楠木坪的一些教士的不当行为，在黔江两次引发民教纷争，两次"教案"均因清政府的软弱，赔款、罢官、刑民不说，还有不少人被迫入教，到解放时黔江仍有天主教徒 700 多人，黔江城内天主教从设立教堂到 1966 年，先后有 13 人任神甫。2000 年落实宗教政策，批准建设城区临时活动点，建立了天主教爱国筹备组，恢复宗教活动。2006 年 4 月，经相关部门批准，在城区谭家湾开工建设天主教堂，2007 年竣工开放，现有信教群众 1500 多人。

此外，黔江人还信巫教，乡民有病，辄请巫教禳解。巫教信奉坛神（罗公神），即把石头凿成鼓形，放短木凳之上，置于家宠之下，每隔三年，要请大、小巫数人，跳舞作法，以全畜、酒果祭祀，信奉者甚多。解放后，特别是"破立"运动的开展，施巫之人少之又少，信者也不多了。

4 文物古迹

黔江是巴楚文化交融之地,历史悠久,文化遗存丰富,现有不可移动文物 374 处,包括古遗址 29 处、古墓葬 246 处、古建筑 47 处、石窟寺与石刻 26 处、近现代重要史迹及代表建筑 24 处、其他类型 2 处,其中市级文物保护单位 4 处、区级文物保护单位 37 处。已征集收藏可移动文物 3000 余件,其中国家一级文物 3 件、二级文物 19 件、三级文物 42 件。

重点古迹

重点古迹主要是指市级及以上文物保护单位。

万涛故居 位于冯家街道桂花居委,是中国工农红军第三军政委、湘鄂西革命根据地创始人之一———万涛烈士的故居,

万涛故居

始建于清同治十一年（1872），占地约 1300 平方米，建筑面积约 700 平方米，坐北朝南，木结构四合院布局，共有房屋 27 间。东南角为门楼，门楼与左厢房之间是绣楼。屋面用青瓦覆盖，屋脊饰狮子、绣球、卷草纹等。石板平铺院坝，四周为砖石围墙。室内现陈列着关于万涛及湘鄂西革命根据地的相关物品、图片，天井竖有万涛花岗岩雕像。2009 年 12 月，重庆市政府公布为文物保护单位。

草圭堂　位于阿蓬江镇大坪村，清道光末年李念武创建，占地约 5000 平方米，建筑面积约 2000 平方米，坐西向东，平面布局略呈扇形，由两排共六栋木结构建筑与左右厢房合围成一个院落，各单体建筑之间用砖质封火墙相隔，由前厅、后厅、厢房、院坝、朝门、围墙、地下室、封火墙、踏道等组成，主体为木结构，辅以部分砖石墙体，基础和围墙为石质，

草圭堂

融合了江南建筑与西南干栏式建筑风格。草圭堂是抗日将领、国民革命军四十三军副军长李永端的故居。2009 年 12 月，重庆市政府公布为文物保护单位。

张氏民居　位于黄溪镇黄桥居委，1912 年张合卿私建宅第，占地约 4000 平方米，建筑面积约 2000 平方米，坐东北向西南，木、土、石混合建筑，石质基础，一楼一底木结构复四合院布局，前左右厢房配以吊脚楼，四周封以土墙。主体建筑由前厅、正厅、左右厢房、地下室、绣楼、碉楼、门楼、阶梯踏道、后花园、内外围墙、石拱桥等组成，共有房屋 28 间、大小天井 5 个、水井 3 口、鱼池 1 口，是渝东南土家族民居建筑的典型代表。2009 年 12 月，重庆市政府公布为文物保护单位。

张氏民居

官陵墓群 位于濯水镇泉门村官陵山,分布面积约 1000 平方米,是明清时期酉阳宣抚使司冉氏家族墓地,现存墓葬 10 座、石马 1 尊,是黔江区目前发现的唯一可信的冉土司家族墓地。2009 年 12 月,重庆市政府公布为文物保护单位。

官陵墓群

馆藏珍品

馆藏珍品主要指国家一级珍贵文物。

恐龙化石 晚白垩纪,1974 年正阳乡三阳岭出土。2006 年,黔江区文物管理所进行抢救性发掘,出土了大型恐龙个体的尾椎、股骨、腓骨、胫骨、脉弧等大量化石。其中最大的一件恐龙股骨化石,残长 1.6 米,复原长度近 1.8 米,比亚洲第一巨龙马门溪龙的股骨还长 0.5 米,是目前西南地区发现的最长的恐龙股骨化石。

恐龙化石

虎钮錞于 汉代，一级文物，青铜质，高54厘米，足径29厘米，重12.5千克，黑青色。古代巴族军乐器，与钲等乐器配合使用。托盘上虎钮呈立式，头额、身饰鳞纹，长尾触地后向上卷曲。盘内饰虎纹、云纹、回字纹、葫芦等纹饰。丰肩，深直腹，肩部以下内收，素面器身，略有光泽。此錞于整体造型协调，虎钮形象生动，虎纹灵动精美，保存完整。1956年6月，县文教科从原黔江县正谊乡白泉村玉皇阁征集，现藏黔江区文物管理所。

铜钟 唐代，一级文物，青铜质，高145厘米，口径77.5厘米，重约400千克，黑绿色，是全国仅存的八口唐钟之一。钟体修长，其壁垂直，具有典型的唐钟风格。双龙鳞纹四足蒲牢口含宝珠作钮，钟体布满玉版纹，腰铸月亮纹作为撞击点。钟身铭文"金紫光禄大夫工部尚书兼黔府都督御史大夫持节充本道观察处置选补等使汧国公赵国琛""大吉利，愿平安"。据清光绪《黔江县志》记载，传说此钟出于彭水江中，彭水

錞于

数百人搬不动，被黔江一人扛回，故名飞来钟。钟上原铸有金
鸡滴水，和鸡打鸣的时刻不差分毫，因匪乱而毁。原存城北玉
皇阁，1956 年 6 月征集收藏，其复制品陈列于北京市大钟寺
古钟博物馆，原件现藏重庆民族博物馆。

铜钟

尖达塔度　黔江区古籍较为丰富，《尖达塔度》被列入国家级珍贵古籍名录，另有6种馆藏古籍被列入重庆市珍贵古籍名录。据云南省贝叶经文化研究所专家考证，《尖达塔度》所记载的是在勐尖达建造一个佛塔的故事，因为佛塔建在一个叫勐尖达的地方，故名《尖达塔度》，"尖达"为地名，"塔度"即佛塔之意。另据云南图书馆一位姓计的专家分析，这是西双版纳傣文南传佛教经典，经名"四大"，或译作"四界"，是南传大藏经经藏中相应部经里的一部经典，全经册数不详，本册为其中第三册，可能是清代抄本，比较珍贵。

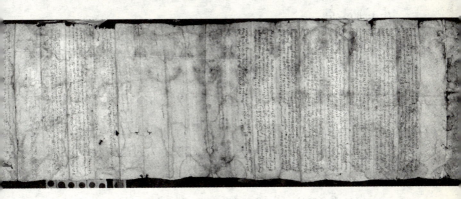

尖达塔度（A面）

5　文化事业

黔江文化活动丰富，成绩斐然。1992年，黔江土家族作家、现重庆市作家协会主席陈川的中篇小说《梦魇》，黔江土家族诗人何小竹的诗歌集《梦见苹果和鱼的安》同时获得第四届少数民族文学创作"骏马奖"。2004 年，黔江作家、区人大常委会副主任屈银安（维扬）的《兰溪歌谣》获第十届全国少数民族题材电视"骏马奖"。2012 年 8 月，黔江苗族作家、市作家协会副主席何炬学的短篇小说集《摩围寨》获第十届全国少数民族文学创作"骏马奖"。2012 年 9 月，黔江区荣获"全国文化体制改革工作先进地区"称号，全国仅 32 个地级市以上地区获得，重庆市仅黔江区获此殊荣。11 月，黔江区被文化部表彰为"国有文艺院团体制改革工作先进地区"，重庆市民族歌舞团被表彰为"国有文艺院团体制改革工作先进单位"。

文化活动

解放初期，黔江文化生活匮乏，文艺团体仅有部队文工团，演出剧目仅有《白毛女》。1958 年，县歌舞团成立后，《刘三姐》《洪湖赤卫队》《三里湾》《七妹与蛇狼》等 55 个剧目相继上演 160 场、观众 295247 人次，收入 5633 元。

1956 年 10 月，4 个团（队）在县政府礼堂参加全县第一届戏曲会演，演出节目有川剧《长生殿》、京剧《葛麻》、南戏《五台会兄》等。《水落石出》获一等奖，姜长林获导演一等奖。

1958 年 7 月、12 月，在县城举办全县群众文艺会演和全县文艺比武誓师大会，演出话剧、歌剧、曲艺剧目 40 余个。获二等奖剧目 2 个，创作一等奖 1 个，一等奖的演员 4 人。

1960 年 2 月 9 日，在县城举办全县文艺会演，200 多人参加演出，演出川剧、话剧、歌剧、汉戏、相声、车灯等 44 个节目。

1974 年 7 月、10 月，在县城举办现代歌舞、戏剧调演和业余文艺调演，9 个代表队分别参加调演，突出"样板戏"。

1981 年 7 月 1～16 日，在县城举办县业余文艺会演，8 个代表队 126 名演职人员参加演出，演出节目 6 台（8 场）。濯水业余南剧团获一等奖，联合镇业余川剧团获二等奖，评出优秀演员 30 人。

1983 年 11 月，在县城举办全县首届少数民族文艺调演，17 个代表队 700 名演职人员参加演出，历时 5 天，演出节目 138 个，以小型少数民族歌舞为主，演出 12 场，中央、省地有关领导观看了演出。评出一、二、三等集体奖各 2 名。

1995 年 11 月 12～13 日，黔江地区文化局、民宗委在黔江举办了"黔江地区首届民歌、民间吹打乐大赛"，100 名土家、苗、汉艺人登台献艺，4000 多人观看了比赛。

2002 年 12 月 4 日，黔江区举办"多彩家园·黔江行"大型民族歌舞晚会，中央民族歌舞团团长李毓珊率腾格尔、曲比阿乌、拉苏荣、肉孜阿木提、刘媛媛、徐珊珊等 76 名文艺家登台献艺。

2004 年 9 月 22～28 日、2009 年 10 月 13～20 日、2012 年 11 月 23 日，黔江区承办第一、二、四届"中国武陵山民族文化节"，国家有关部委、重庆市"四大家"和周边 30 余区市县的有关领导参加了盛会。湖北省民族歌舞团、湖南省民族歌舞团、重庆市消防歌舞团、贵州铜仁地区演出团等 10 多个演出团队 20000 余人次演职人员参加了演出。

第四届"中国武陵山民族文化节"开幕式

2013 年 10 月 28 日至 12 月 4 日，重庆市（黔江）民族歌舞团受中国文化部派遣赴巴西首都巴西利亚最著名的国家大剧院、巴西最大的城市圣保罗的布拉德斯科剧院等 14 个大型剧院巡演 17 场，5 万余人观看了演出，是巴西"中国文化月"中规模最大的巡演，也是黔江首次独立组团赴外演出。

艺术精品

大型民族歌舞诗《云上太阳》是黔江区 2012 年打造的融

合黔江民族特色文化的舞台艺术精品，节目将黔江区静谧的山水、清新的民风、远古的神话传说、质朴的山歌民谣、刚健的民间舞蹈、多彩的民间艺术融于一体，把武陵山区土家族、苗族聚居区神奇的族群禀赋和特色文化丰富而生动地呈现了出来。《云上太阳》以土家族、苗族文化元素为主，由《回声》（序）、《神奇的土地》、《母亲的火塘》、《云上的太阳》、《心中的武陵山》（尾声）五个篇章组成，共 13 个节目。剧目充分运用原汁原味、原生态的土家族、苗族歌舞元素，形象而生动地讴歌武陵山区这片神奇的土地，展现武陵地区各民族人民同心同德，共建美好家园的心声，憧憬美好未来。《云上太阳》由国家一级编导、中央民族歌舞团总编导邓林主持编创并执导，由重庆市民族歌舞团担纲主演，于 2012 年 11 月 24 日在第四届中国（重庆·黔江）武陵山民族文化节闭幕式上成功首演。后经多次打磨提升，作为"舞台艺术之光·重庆市舞台艺术优秀原创剧目展演"的剧目，于 2013 年 7 月 3 日、

云上太阳

4 日，在重庆市国泰艺术中心演出两场。2013 年 11 月，《云上太阳》作为西南民族地区少数民族文化代表，赴巴西参加了中国文化部举办的"中国文化月"活动。

2013 年 10 月，群舞《母亲的火塘》成功参加全国第十六届"群星奖"决赛，获优秀表演奖。在全国群众文化活动最高舞台上展示了黔江的特色民族文化。

母亲的火塘

四 风物美奂

　　黔江地处长江三峡、张家界这个世界级的黄金旅游金三角的中心，武陵山脉腹地，是渝东南生态保护发展区和民俗文化生态旅游带上的重要节点，旅游资源丰富，有旅游资源单体300个，涵盖地文景观、水域风光等8个大类、27个亚类、64个基本类型，具有地质奇观、古镇风情、城市旅游、宗教朝圣、民族文化五大特色，主要分布在小南海、阿蓬江、濯水镇、蒲花河、武陵仙山、灰千梁子、八面山、仰头山等景区。目前拥有小南海国家级地震遗址保护区、全国防震减灾科普宣传教育基地、国家地质公园、国家AAAA级旅游景区和黔江国家森林公园、阿蓬江国家湿地公园、全国休闲农业与乡村旅游示范县（区）、蒲花河全国农业旅游示范点、中国·武陵山民族文化节等9个国家级旅游品牌，有小南海及阿蓬江大峡谷"市级环保模范景区"、小南海"全市十佳景区"和"重庆新十景""重庆十大最美街道"等市级品牌，武陵山民俗生态博物馆是全国唯一的土家族原生态博物馆。拥有世界罕见的城市峡谷峡江、原始大峡谷神龟峡、地球同纬度唯一保存的原始森林灰千梁、蒲花暗河和天生三桥等自然地质奇观及佛道教圣地武陵仙山。渝东南古人类遗址的发现证明了黔江人类痕迹的久远，正阳恐龙化石遗址、战国虎钮錞于、国家一级文物唐钟无不展示着黔江源远流长的历史和独特的土家族、苗族文化。石城故县、濯水古镇、板夹溪十三寨、桥梁民俗风情村、张氏民居展现了淳朴浓郁的土家族风情和建筑风格，国家级非物质文化遗产南溪号子独具魅力。

黔江建区以来，特别是 2014 年初，中共黔江区委、区政府出台了《关于把旅游业培育成战略性支柱产业的意见》，围绕建设武陵山地区旅游集散中心和全国知名旅游目的地的目标，举全区之力打造"峡谷峡江之城，清新清凉之都"旅游名片，旅游产业正蓄势待发。

黔江旅游接待服务设施齐全。经渝怀铁路直达长沙、上海、广州，经渝湘高速至重庆只需两个半小时，武陵山机场已开通至北京、上海、广州、昆明、重庆、成都的航线，区内交通便捷，黔江城区至小南海、濯水古镇、神龟峡、武陵仙山景区有水泥或柏油公路直达，北部旅游环线公路实现初通，城区有 3 个客运车站，340 余台客运车辆和 2 家旅游车队。区内有国家级旅游星级酒店 7 家（五星级 1 家、三星级 4 家，在建五星级酒店 2 家），有旅行社（门市部）9 家，旅游商品生产企业 13 家，旅游商品购物基地 3 个，旅游协会会员单位 42 家。2013 年，全区接待游客 416 万人次，实现旅游收入 14.3 亿元。

1 自然奇观

黔江自然风光秀美，全区拥有 258 个自然旅游资源单体，资源富集，种类繁多，以水域、山体为主。

小南海

小南海景区地处渝鄂交界之地，距黔江城 29 公里，由海子、地震遗迹、八面山、二仙岩等自然景观和铁血英雄会会址、板夹溪十三寨、桥梁民族风情村、南海大堰等人文景观组成，是"国家级地震遗址保护区""全国防震减灾科普宣传教育基地"、国家地质公园、国家 AAAA 级旅游景区，正在向着 AAAAA 级景区迈进。

小南海是 1856 年 6 月 10 日地震后形成的堰塞湖，为重庆市第一大天然高山淡水湖泊。景区保存了完整的地震遗迹，融山、水、岛、峡等风光于一体，为"中国唯一、世界罕见"。小南海湖水面积约 2.87 平方公里，湖面长约 5 公里，最宽处 1 公里。湖水深度平均为 30 米、最深处 50 多米，蓄水量约为 7020 万立方米，积雨面积达 150 平方公里，有板夹溪、白鹤溪、白矾溪、清溪沟、啸溪沟 5 条溪流注入，水源丰富，水质良好。海子镶嵌在二仙岩、鸡公山、八面山、禄井山之间，海中牛背、朝阳寺、老鹳坪三岛相映成趣，有八面兴云、幽兰秀谷、犀牛望月、牛背寻幽、虬松迎客、碧海青螺、轿顶赤壁、海口金礁、荫塘蓄翠等景观，有蛟龙归海、孝子背母、义犬救主等传说，被称为"深山明珠""人间仙境"。

小南海

城市峡谷峡江

位于黔江主城、正阳和舟白新城三大城市组团核心的酉阳山、插旗山之间，峡谷为典型的喀斯特地貌，横跨 7 个地质年代，长达 10 公里，峡谷垂直落差达 500 米，融山、洞、峡、瀑布、湿地、森林、地质奇观、佛教文化、土家风情于一体，"城在峡谷上，谷在城中央"，是世界上罕见的"城市峡谷峡江"景观。

景区规划面积 7.4 平方公里，总建筑面积 15 万平方米，其中道路广场建筑面积 8.6 万平方米，房屋建筑面积 4.2 万平方米，景观、休憩建筑面积 2.5 万平方米。有镶嵌于绝壁之上的巨幅佛雕、悬于孤峰之上的文峰宝塔，还有"孝子遇仙""公母山"的传说，"酉阳夕照"是黔江古十二景之一。

峡谷公园

官渡峡

官渡峡距黔江主城 22 公里，因古驿道从这里船渡过江而得名，峡谷全长 18 公里，是阿蓬江旅游链的第一站。

官渡峡两岸悬崖峭壁，江水蔚蓝清澈，清幽雅致，景致迷人，并有悬棺神庙、水寨遗址、渔滩大坝，使得自然景观和人文景观在这里交相辉映。峡中景点首推"一线天"，置身其间，伸手触壁，天际一线，令人叹为观止。此外，"苗家水寨"三面环水、一面绝壁，四处"崖墓葬"悬于峭壁，加上白水泉、神女峰等，整个景区被誉为"小盆景"。

蒲花暗河

蒲花暗河从渝湘高速濯水互通下道，经濯水古镇，逆蒲花

一线天

河约 3 公里，暗河长 1 公里多，是阿蓬江旅游链上的关节点。

景区由天生三桥、地下暗河、大漏斗、间歇泉、蒲花峡谷和蒲花生态农业园区组成。暗河上 150 多米高空三桥飞架、蔚为奇观，名为"黑龙潭"的大漏斗神秘莫测，暗河两岸，钟乳石笋，鬼斧神工。出河入峡，潺潺流水，巨石浅滩，藤蔓野花，趣味怡然，绝壁溶洞，引人入胜，是观景、猎奇、探险、野趣体验的极佳景区。

天生三桥

神龟峡

神龟峡是阿蓬江峡谷景观最为优越的河段，全长 38.9 公里，峡口距黔江城区 44 公里，是"黔江国家森林公园"的重要组成部分。

神龟峡

　　神龟峡因峡口两山酷似双龟对卧而得名。两岸高山绝壁，近乎与世隔绝。峡区河道斗折蛇形，沿途绝壁夹江，盈盈一水。峡谷由神门峡、天门峡、人门峡三段组成，全程有27道弯、28个门（即一线天），两岸茂林修竹，植被原始古朴，猴獐出没，悬棺挂壁，生态优美，以饱水嶂谷、慈竹画廊、生物钟乳、洞瀑景观四大特色尤为突出，融古、深、长、曲、幽、险、神、奇、山、水、石、竹、林于一体，是盛夏纳凉的绝佳去处。峡口上游的细沙河终年清澈透底，有长达10公里的12个险滩，是漂流的绝佳之地，其间的杨家湾有水温50℃左右的温泉，附近还有"地下龙宫"——潜龙洞。

武陵山

　　武陵山位于黔江石会镇，本名髑髅山，因山似船形、林木葱郁，故又名驾舡岩、卫林山。唐天宝元年（742），唐玄宗李隆基赐名武陵山，后因2001年涪陵区将龙塘乡、大木乡林场抢先更名注册为武陵山乡、武陵山国家森林公园，被迫更名为武陵仙山。从渝湘高速黔江西下道，沿G319西行15公里即到武陵山，山峰绵亘十余公里，山势峻峭，奇峰兀立，危崖深谷，云缠雾锁。以武陵山为中心的19.2万亩的林区是"黔江国家森林公园"。

　　武陵山景区由羽人山、公母山、八角庙、双石墩、仙灯岩、土地岩瀑布等自然景观和真武观遗址、香山寺、天子殿、武陵水库等人文景观组成。主峰海拔1092.8米，登临峰巅，一览众山，岩峦层叠，青山如波，白云如絮，峰云相携，山上是天然的生态王国，红豆杉、珙桐、银杏、水杉等珍稀树种密植其里，武陵猕猴出没其间。北宋名相寇准游历武陵山后，曾

武陵夕照

赋《武陵景》传世："武陵乾坤立，独步上天梯。举目红日尽，回首白云低。"与主峰相望的羽人山更是山势陡峭，突兀参差，秀丽如屏，有"扬州十八罗汉下江南"的传说。"武陵雾雨""羽人烟鬟""咸溪飞瀑"构成黔江古十二景。

2　人文美景

黔江人文景观富集，多与城市发展和旅游景区联系在一起。

石城故县

石城故县遗址位于舟白街道县坝居委阿蓬江与段溪河交汇处的一级台地，东面阿蓬江，南临段溪河，西靠观音山。遗址平面略呈三角形，面积约 3 万平方米，东西宽约 200 米，南北长约 300 米。隋开皇五年（585）在此置石城县，属庸州，大业二年（606）废，唐武德元年（618）复置，天宝元年（742）改名黔江。作为一县治所之地，并曾兼作庸州治所，石城遗址经历了隋唐两代，是黔江保存最完整的古县城遗址。

2006年，黔江区文物管理所对该遗址进行过考古勘探及试掘，发现并清理了灰坑、南城门、石拱桥、卵石街面、码头等重要遗迹，出土了唐宋、明清各个时期的铜铁器、陶网坠、砚台、砖、瓦、瓷碗、盘、杯、碟、罐、壶、石碓、动物牙齿等遗物。其南门"石城"石刻现存黔江区文物管理所。2002年7月，黔江区政府公布为文物保护单位。

濯水古镇

濯水古镇位于黔江东南隅，距黔江主城26公里，阿蓬江、蒲花河交汇于斯，渝怀铁路、渝湘高速公路、G319穿行于此，交通便利，风光旖旎，是重庆旧城老街的典型代表。

传说此处地肥水美，白鹤成群，故名"白鹤坝"。明永乐年间被酉阳土司占领并改名"濯河坝"，1935年更名为"濯水乡"。濯水古镇见证了巴人的进退兴衰，目睹了先秦的金戈铁马。它承载着巴文化、土家文化与其他文化的融合与交流、传承与创新，码头文化、商贾文化、场镇文化以及丰富多彩的文化艺术遗存于此，相互交织。

古镇老街青石踏道，木质建筑，工艺精湛，造型别致，汪家大院、龚家大院、樊家大院、余家大院、光顺号、万寿宫、禹王宫屋户相连，鳞次栉比，紧凑典雅，实现了土家吊脚楼与徽派建筑的完美结合，坚毅中透出柔美、古朴中饱含哲理，较好地体现了渝东南民居建筑的风貌特色。

濯水古镇

古镇老街

濯水古镇开埠较早，北宋太平兴国五年（980），有姚、刘、杨三户人家为避战乱从湖南进入四川，定居于此，到明朝中期形成了"姚半街""刘半坝"的集中居住区域，清初，濯水已是商贾云集，盐号、商号、钱庄遍布，吊脚楼群沿江临水拔地而起，成为黔江及周边地区的集贸中心，一方"天理良心"碑，昭示了古镇人为人经商的真谛。老街古韵、后河古戏、阿蓬水音、绿豆米粉、泉孔白酒，成为濯水老街的代表符号。2012 年 3 月濯水古镇被重庆市人民政府命名为"历史文

化名镇"，2014 年 3 月荣膺国家城乡建设部、国家文物局公布
的第六批"中国历史文化名镇"。

"天理良心"碑

铁血英雄会会址

该会址位于小南海朝阳寺岛上，四周松竹苍翠，湖水环

绕，占地 2000 平方米。1909 年，中国同盟会会员温朝钟、王克明、黄玉山、谈茂林等成立"铁血英雄会"（后改称"川鄂湘黔铁血联英会"），会址设于朝阳寺内。1910 年农历腊月初三，铁血英雄会发动"庚戌起义"，打响了黔江民主革命的第一枪。2002 年 7 月，黔江区政府公布为文物保护单位。

真武观遗址

真武观遗址位于武陵山景区。明万历四十年（1612）知县杨再栋创建真武观，因大火几经改修，1866 年重建，毁于1965 年。现存山门、前殿、正殿、耳房、后花园、天井基址及踏道、柱础、碑刻等重要遗存，面积 1150 平方米。还出土了椭圆形银锭、玻璃杯、清代钱币、青砖、镀金佛像及陶瓷残片等遗物。山门建于清光绪七年（1881），拱形门道宽 1.9 米、高 3.3 米。门楣楷书阳刻"武陵古刹"四字呈弧形布局，楹联刻："玉笋凌霄曾向瓶中靡珠露，山环皓月好泛钵里献昙花"。

真武观为道教观宇，后为佛教所用，到明清时期与贵州的梵净山齐名。清同治《酉阳直隶州志·地舆》载："武陵山孤高峻削，为黔江诸山之冠，寺僧恒数百人，常住丰足，向数年一启戒坛，远近缁流，奔赴不绝，香火之盛，殆甲全州，近闻亦稍稍凌替矣。"晚清"四大名臣"、内阁大学士张之洞游历至此，慨而作联："尚爱此山看不足，每逢佳处辄参禅。"可见，这里是佛道合一的宗教圣地。2002 年 7 月，黔江区政府公布为文物保护单位，现已纳入武陵山千年寺庙复建规划。

真武观山门

香山寺

香山寺位于武陵山主峰脚，是真武观的"脚案"。始建于清康熙末年，道光十八年（1838）被火焚，二十一年（1841）培修，1946 年重修。占地约 3000 平方米，建筑面积约 2000 平方米，坐东向西，木结构三合院建筑，现存正殿、南北配殿，山门为当代改建。2002 年 7 月，黔江区政府公布为文物保护单位。

文峰塔

文峰塔位于城市峡谷峡江景区酉阳山北麓的一座孤峰上，清道光二十九年（1849）黔江宁氏家族所建，占地约 20 平方米，石结构楼阁式六边形塔，五层一塔刹，高 15.5 米、底边长 2.1 米。素面塔身层层上收，塔刹呈宝葫芦形，各层间置重檐相扣，生铁铸榫，石灰浆砌。它还承载了古代较多关于风水、文化、社会心理及建筑理念方面的信息。据传，峡谷南边

香山寺

文峰塔

的酉阳山是公山，北边的插旗山是母山，这两座山在人们入睡后便合在一起，阻断黔江河，水淹黔江城，造成祸患。为了防止两山合拢危害黔江城，宁氏祖先便在酉阳山北麓孤峰上建塔镇压，从此黔江城再无水患。2002 年 7 月，黔江区政府公布为文物保护单位。

官渡河悬棺葬

在阿蓬江两岸的崖壁上，常有古人悬棺葬，以官渡河悬棺葬最具特色。

悬棺葬是南方少数民族地区在人死入殓后，将木棺悬置于插入悬崖绝壁的木桩上，或置于崖洞、崖缝中，或半悬于山崖，悬置越高越示尊敬。官渡河悬棺葬共 4 座，具体年代不详，分布于阿蓬江、深溪河交汇处的官渡峡，多利用绝壁上天然台基，用片石砌成一个平台，置棺其上。1、2 号墓位于官渡河左岸崖壁的石穴上，山顶为"水寨遗址"，3、4 号墓位于深溪河左岸崖壁的石穴上，东隔深溪河与水寨遗址相望。2002 年 7 月，黔江区政府公布为文物保护单位。

五 愿景擘画

1 规划引领

规划城市

1987 年 7 月，黔江正式出台《川东南土家族苗族自治州州治暨黔江县城规划设计》，标志着黔江进入城市总规划阶段。第一版城市总体规划将黔江定位为突出州、县两级行政中心形成的二元化综合性城市，规划到 2009 年城市建成区规模面积 15 平方公里、人口 15 万。1994 年，编制完成《黔江县城市总体规划（1995～2010）》，对黔江县城市性质、规模、空间布局等进行了规范。2004 年，重庆市政府批准《黔江区城市总体规划（2000～2020）》，将黔江定位为渝东南中心城市、渝鄂湘黔四省市边区的商贸重镇、以卷烟特色资源型加工业和民族风情旅游为主的山水园林城市，规划建设以渝怀铁路、舟白机场、渝湘高速公路为主骨架的"铁公机"立体交通体系，强化市政和基础设施建设规划，规划到 2020 年城市规模为建成区面积 17 平方公里、人口 20 万。

城乡统筹

2009 年 3 月，重庆市政府批准《黔江区城乡总体规划（2009～2030）》，成为全市第一个真正意义上的城乡总体规划。该版总体规划符合国家、重庆市对黔江的战略定位，规划内容更加科学完善，将黔江城市性质定位为渝东南区域性中心城市，渝鄂湘黔四省市毗邻区域的交通枢纽、产业集聚中心和公共服务中心，具有民族文化特色和优良生态环境的山水园林城市。规划区面积约 433 平方公里，中心城区形成老城、正阳、舟白、青杠"一城四组团"框架，规划到 2030 年城市规模为建成区面积约 31.5 平方公里、人口 35 万，同时对城乡体系空间结构、城乡体系职能、城乡综合交通等作了全方位统筹。2013 年 7 月 4 日，重庆市政府批准了《重庆市黔江区城乡总体规划（2013～2020）》，规划中心城区建成区面积 49.5 平方公里、人口 45 万。《重庆市黔江区城乡总体规划（2013～2020）》对《黔江区城乡总体规划（2009～2030）》进行了进一步深化完善，将黔江城市定位为渝东南地区中心城市、武陵山区重要的经济中心、综合交通枢纽和生态宜居城市。城市职能定位为区域性现代服务业中心，发展总目标为武陵山区经济发达、功能完备、城乡协调、民族和睦、生态宜居的区域性中心城市，全区总人口规模达到 69.8 万（城镇人口 48.68 万、农村人口 21.12 万），城乡建设用地 102.97 平方公里，城镇化水平 69.7%。中心城区规划形成"两核五组团"组团式布局。

对外交通实现综合交通系统现代化和高效联运，形成"一空五高六铁"交通枢纽，中心城区道路交通形成"一环六横四纵"的带状方格网络。统筹规划了中心城区给排水、电力、电信、燃气、环卫、环境保护、综合防灾等市政工程。

城镇体系

2002 年 8 月，编制了《黔江区区域城镇体系规划（2001～2020）》，对行政辖区内 15 个镇、12 个乡、3 个街道进行了全域规划。2004 年版城市总体规划、2009 年版城乡总体规划对城镇体系予以进一步完善，并根据总体规划编制完成全区 24 个镇乡总体规划。2013 年版总规划进一步强化了对新型城镇体系的规划，明确了"一心、一轴、两区、多点"的城乡空间结构，即以中心城区为核心，重点发展 G319 沿线聚集发展轴"一轴"，东西两侧以生态农业和生态涵养为主的两大片区，以及濯水、石会、阿蓬江、马喇、石家五个中心镇和黄溪、小南海等 19 个一般镇乡形成的"多点"。

黔城一瞥

2 城乡沧桑

解放前，黔江县城街道狭窄，房屋破旧，多为穿逗木架结构、土墙或板壁、稻麦或茅草覆盖的平房，部分瓦房多以木板为壁，庙宇宗祠多系土墙房屋。1949 年 11 月，城区面积不足 1 平方公里，公私房屋建筑面积共为 2.79 万平方米，居民人均有房面积 6.9 平方米，是地道的山间小镇。

解放后，黔江开始由集镇向城市跨越。20 世纪 60 年代前，除解放路是"三合土"外，余者多为素土路面。到 20 世纪 80 年代初，城区面积达到 3 平方公里，解放路拓展为长 1100 米、宽 16 米贯通全城东西的主干道，新建长 570 米、宽 14 米的环城路。到 1985 年，全城有解放路、环城路、交通北路、联合街、十字街、河街、城河街、解放路西段、解放路北段、交通南路、民主街、新华街等 12 条街道，总长 3578 米，解放路、环城路为柏油路面，交通北路、十字街、城河街、解放路西段和北段、民主街东段、新华街为水泥路面。50 年代修建了少量砖木结构房屋，60～70 年代，过渡到以砖（石）木结构为主，公房开始采用砖混结构。1982 年特大洪灾后，均为框架砖混结构，3 层以上增多，并有 7 层楼房，各类公用建筑拔地而起。1984～1985 年，投资 120 万元建成长 1725 米、高 5～6 米、顶宽 13.8 米的河滨公园（护城防洪堤），新建占地 25380 平方米、建筑面积 12750 平方米的民族广场，在其观礼台旁边建成青少年宫，在解放路中段修建了占地 1503 平方米、建筑面积 2774 平方米、内置 998 个座位的电影院，在革命烈士陵园内修建"革命烈士纪念馆"。

1988 年，四川省黔江地区成立，城市建设步伐加快。到 2000 年，先后建成西沙桥、新华桥、黔州大桥，完成新华东路旧城改造和西山新区建设，新建新华西路、新华东路、西沙路和河滨绿色走廊，建成占地 4.1 万平方米的大众广场。1999 年，市政建设和管理获"渝州杯"综合一等奖。

2000 年 9 月，黔江区成立后，提出"山水园林、民族风情、生态旅游"的城市建设理念，提升老城品质，加快"城市东进"，先后实施新华大道、迎宾大道综合整治，改造路面 20 万平方米，铺装人行道 5.6 万平方米，改造房屋立面 49 万平方米，更新店招牌 3500 块，种植银杏、香樟等大树 2000 余棵，西沙路步行街、文体中心、书城广场、红军广场、三岔河景观工程等相继建成使用，旧城 A、B、C 组团三大核心商圈以及 27 队片区、啤酒厂片区先后完成改造，阳光花园、岭秀江山、书香门第、玫瑰湾、三台山等一批品质小区拔地而起，建成了渝东南最大的家居市场。新城形象日新月异，水电路气、市政设施、公共建筑、商厦公园等城市功能不断完善，职教片区、火车站片区等基本成型，磐石圣提亚拉、四季花城、嘉华城、同润美地华府、碧桂园等高档商住和政府保障性住房、居民安置区（房）梯次推进。新（改）建城市道路 43 公里，城市道路总长 122 公里、面积 98 万平方米，修建桥梁 9 座。2006 年、2010 年、2012 年、2013 年，中心城区建成区面积、城市人口分别达到 10 平方公里、

10万，18.23平方公里、18万，22.5平方公里、23万，26平方公里、24.5万，峡谷公园掀起面纱，初显"峡谷峡江之城，清新清凉之都"城市特色。

三岔河

"十五"以来，黔江实施"工业带农业，城镇带农村，城乡一体共繁荣"的发展战略，促进城乡协调发展。完成全区所有乡镇政府所在地1：500数字化地形图测量，总测图面积达35平方公里，相继完成黔江区区域城镇体系规划和濯水、石会、冯家3个中心镇总规修编。加快推进"4个1"居住体系建设，打造1个中心城区、10个重点集镇、100个农民新村、1000个特色院落，构建城乡一体化发展新格局。

3 发展新篇

黔江原是一个人口少、底子薄、财政弱的偏僻小县，1950年，全县财政收入仅43.9万元，到1982年，财政收入达到889.6万元，才摘掉吃补贴饭的帽子。1989年，全县财政收入首次突破亿元大关，达到 10319 万元，从此进入向好发展的轨道。

黔江建区后，创新实施"工业强区、城市东进、大通道建设"三大战略，推动经济社会发展迈上新台阶。2013 年，全区实现地区生产总值 167.8 亿元，固定资产投资 212 亿元，社会消费品零售总额 60.2 亿元，工业总产值 202 亿元，公共财政预算收入 17.4 亿元，城镇居民人均可支配收入 20444 元，农民人均纯收入 7060 元，初步树立起渝东南地区中心城市、武陵山区重要经济中心的形象。

基础设施

渝湘高速公路、渝怀铁路建成通车，黔（江）恩（施）高速公路开工建设，渝怀铁路二线、黔（江）张（家界）常（德）铁路已获国家批复，重庆至黔江快速铁路、黔（江）遵（义）铁路、黔（江）恩（施）铁路、黔（江）梁（平）高速公路、黔（江）遵（义）高速公路、黔（江）张（家界）高速公路、城市外环快速通道等重大项目被纳入国、市相关建设规划；武陵山机场全面通航，开通至北京、上海、重庆、广州、成都、昆明等航线，实现旅客年吞吐量 10 万人次，成为武陵山区最便捷的进出空港之一，黔江已初步成为渝东南及武陵山区综合交通枢纽、重庆及西部地区进入东南沿海陆上通道的重要节点。城北水库竣工投入使用，城市防洪工程、太极水库、小南海补水工程、老窖溪水库、瓦窑堡水库等加快建设，实施袁溪河、段溪河、太极河重点河段整治，罗家堡水库被纳入全市水利建设规划。全区两个城区集中式饮用水源地水质持续稳定

黔江武陵山机场

黔江南互通

保持在Ⅱ类标准，23 个乡镇集中式饮用水源地水质均达到国家地表水环境质量Ⅲ类水质标准，系统解决了 32 万人的饮水安全问题，成功创建全国农村饮水安全示范区和小型农田水利重点区。正阳万吨油库建成投入使用，建成日供气能力达 30 万方的天然气保障工程、沼气池 6 万口。以"智慧黔江"工程为抓手，基本实现 3G 基站、WLAN 热点中心城市全覆盖，互联网用户普及率达到 30%，渝东南移动枢纽中心、大区物流基地、社会安全应急指挥系统、电子政务工程等重大信息化项目加快推进，开通地理空间框架平台，黔江被列为"全国数字城市建设示范区"。

中心城市

围绕 2020 年城市建成区面积 49.5 平方公里、人口 45 万的中心城市发展目标，黔江坚持"富规划、穷建设"理念，聘请国内外权威规划专家开展城市和旅游发展规划，全新打造"峡谷峡江之城、清新清凉之都、养生养心之地"城市品牌。城市规模不断扩张，2013 年，城市建成区面积 26 平方公里、人口 24.5 万，城镇化率达到 44.53%，先后投资 1000 亿元，打造特色品质新城，职教园区、火车站片区等城市形象凸显，武陵大道、正青隧道及复线、舟白隧道及复线、新城污水处理厂、民族中学新校区、菁华小学等城市快速通道网络和公共服务配套建设同步推进。老城品质明显提升，大众广场、西沙路步行街、文体中心、南海鑫城、大十字购物广场、公共图书馆、三岔河景观工程等相继建成投入使用，城市管理实现网格化、信息化、智能化，新华大道荣膺重庆"最美大道"，濯水老街名列"重庆市最美小巷"，河滨路入围"重庆市最美街区"，迎宾大道美食街荣登"市级特色美食街"。

城市功能日臻完善，现代服务业蓬勃发展。武陵山家居市场、机动车交易市场等区域性商业设施建成投入使用，汽摩交易、农产品批发、商贸批发、工程机械交易、林业交易

新城武陵大道

等新城区域性市场加快建设。重百、佳惠、苏宁等国内知名商贸企业入驻老城核心商圈，限额以上商贸企业累计达到134 家，渝东南首家五星级酒店隆鑫玫瑰酒店建成投入使用，丰润牧业进入中央储备肉活畜储备体系，黔江军粮供应站成为全国 20 强示范站。"工农中建"四大国有商业银行齐聚黔江，担保、小额贷款、融资租赁等新型金融业态快速发展，全市首家农村资金互助社、区内第一家法人金融机构黔江银座村镇银行开业营运，新加坡淡马锡富登贷款公司入驻，区域性金融中心加速崛起。

工业体系

2003 年 7 月，设立重庆正阳工业园区，黔江启动"工业强区"战略，工业进入突飞猛进的发展阶段。200 万头生猪屠宰、150 万吨旋窑水泥、10 万千升啤酒、2400 绪缫丝、6 万吨工业硅、PVC一体化、铝加工一体化、桐乡丝绸、黔龙卷烟材料等重大项目相继入驻园区，初步形成绿色食品、新材料、服装丝绸、生物制药、汽摩机电"五大产业集群"。2013年，正

桐乡工业园

PVC一体化项目

阳工业园区发展成为建成区面积 13.3 平方公里、标准化厂房 15 万平方米、入园企业 83 家、产值超 100 亿元的渝东南首个省级特色工业园区，全区规模以上企业总产值达 175 亿元，工业经济效益综合指数达 552.8%，全员劳动生产率达 61.3 万元/人，工业经济在国民经济中的占比达到 48.2%，对经济增长的贡献率为 51.2%。

农业农村

农村经济加快发展，农业结构不断优化，农业现代化水平显著提高，生猪、烤烟、蚕桑三大骨干产业形成优势，连续五年成为全国生猪调出大县（区），是全市优质蚕茧出口基地和全国整区推进现代烟草农业示范区，武陵山万亩山地特色农业园、仰头山万亩现代农业示范园成为市级现代农业综合示范工程，培育市区级龙头企业 36 家、农民专业合作社 759 家，8 个农产品获绿色认证，成功申报农产品驰名商标和著名商标 10 个以上。加强农村基础设施建设，实现镇乡公路通畅率、行政村通达率 100%，建成农村各类水利工程 11560 处，被国家发改委、水利部列为全国农村饮水安全示范区，农网改造面达 83.33%，通电到户率实现 100%，全区基本实现城乡用电同网同价。开展"4 个 1"相对集中居住体系建设，启动 95 个集镇、85 个农民新村、425 个特色院落建设，大力实施高山生态扶贫搬迁，移民 1.8 万人，建成农民新村 35 个，减少农村贫困人口 7.1 万，43 个贫困村实现整村脱贫，贫困发生率降到 8.4%。推进统筹城乡综合配套改革，完成"农转城"11 万人，实现"三权"抵押融资 19.5 亿元，实施土地开发整理 55

万亩，成交地票 8146 亩。实施退耕还林工程和水土流失治理，森林覆盖率达到 54.9%，生态环境持续改善。

渔滩新村

社会事业

率先在渝东南地区普及九年义务教育和高中阶段教育，建成市级重点中学 3 所、国家级重点中职学校 1 所，高考成绩持续稳居渝东南和全市 6 个区域性中心城市前列，吸引周边 2.1 万学生就读本区各类学校；建成渝东南职业教育基地，中职教育在校生规模突破 1 万人，成功创办重庆旅游职业学院、重庆经贸职业学院两所高职学院，结束了渝东南地区无高校的历史。2013 年，中心医院创建三级甲等综合医院通过市级评估验收，民族医院成为重庆最大的民营医院，基本公共卫生服务覆盖城乡居民，基层医疗卫生机构标准化率、乡村卫生服务一体化率均超过 80%，在全市率先实现基本药物制度覆盖乡村，公立医院临床路径管理试点获卫生部肯定。启动建设创业型城市，扶持发展微型企业2333户，城镇登记失业率控制在3.5%以内，成为重庆市最充分就业的区县之一。形成覆盖城乡的社会保障体系，基本养老、医疗保险和最低生活保障制度实现全覆盖，2.5万名留守儿童实现"学业有教、监护有人、生活有助、健康有保、安全有护"，依托雨露计划、阳光工程等举办扶贫实用技术培训3万余人次，拓展上海、广东、新疆、浙江等五大劳务基地，巩固了"全国首批劳务输出示范区"称号。2008年开始保障性住房建设，到2013年底累计开建57.05万平方米、完工54.05万平方米。突出抓好社会矛盾化解、社会管理创新、公正廉洁执法、严打整治攻坚等重点工作，连续两届荣获"全国平安建设先进区"称号，2013年获国家综合治理最高奖"长安杯"。

跋

　　历经半载，《黔江史话》三易其稿，终得付梓。

　　黔江历史悠久，为巴楚文化交融之所，是全国四个直辖市中唯一的少数民族聚居区，民族文化绚丽多姿，奇山异水天下独绝，人文资源富集。《黔江史话》试图以简短的篇幅、精练的笔触，全方位、多角度展示黔江风土人情、历史文化之重靓，推介"峡谷峡江之城，清新清凉之都，养身养心之地，文明文化之园"之神奇。

　　《黔江史话》是捧手之作，众智之成。《黔江史话》的编辑出版，得到了中共重庆市黔江区委的高度重视与大力支持，区委书记杨宏伟同志亲任编委会主任、主编并作序，区长吴忠、区人大常委会主任梁正华、区政协主席秦代书等任编委会副主任，区委常委、宣传部部长程伟同志任编委会副主任、副主编并多次主持召开编委会会议，安排部署并参与编辑、审校、出版等工作。区委宣传部常务副部长华大万、区发改委副主任许波、民宗委主任杨秀璜、城乡建委副主任李迪光、财政局党组书记刘植林、规划局党组书记陈柘志、文广新局副局长方智慧、旅游局副局长何耘等大力支持编辑工作，全程参与《黔江史话》组稿、审校。全书由区史志办主任何泽禄同志总纂，同时执笔编写了"区情概览""史海钩沉"，粟春生、颜道渠、何勇同志编写了"丹兴神韵"，郑素琼同志编写了"风物美奂"，马华文、易建华、张思源同志编写了"愿景擘画"，《中国史话》编委会、编辑部和社会科学文献出版社为《黔江史话》的付梓也付出了心血和汗水。在此，一并予以衷心感谢。

囿于时间和编者的能力，本书所话不过黔江浩瀚历史之沧海一粟，再兼文辞修饰欠工，固有诸多缺憾，敬请方家斧正。

编 者

2014 年 8 月

史话编辑部

图书在版编目（CIP）数据

黔江史话/杨宏伟主编.—北京：社会科学文献出版社，
2014.10
（中国史话）
ISBN 978 - 7 - 5097 - 6371 - 1

Ⅰ.①黔… Ⅱ.①杨… Ⅲ.①黔江县 - 地方史
Ⅳ.①K297.194

中国版本图书馆 CIP 数据核字（2014）第 187022 号

"十二五"国家重点图书出版规划项目

中国史话·社会系列
黔江史话

主　编／杨宏伟

出 版 人／谢寿光
项目统筹／宋月华　谢　安
责任编辑／黄　丹

出　　　版／社会科学文献出版社·人文分社（010）59367215
　　　　　　地址：北京市北三环中路甲29号院华龙大厦　邮编：100029
　　　　　　网址：www. ssap. com. cn
发　　　行／定制出版中心（010）59366509　59366498
　　　　　　市场营销中心（010）59367081　59367090
　　　　　　读者服务中心（010）59367028
印　　　装／北京鹏润伟业印刷有限公司

规　　　格／开　本：889mm×1194mm　1/32
　　　　　　印　张：5.375　字　数：115千字
版　　　次／2014年10月第1版　2014年10月第1次印刷
书　　　号／ISBN 978 - 7 - 5097 - 6371 - 1
定　　　价／25.00元